# 알레쉬톡의 공습

# 알테쉬톡의 공습

### 알리, 테무, 쉬인, 틱톡샵의 실체와 우리의 대응 전략

박승찬 지음

더숲

# 차례 ——————

---

# 1장
## 글로벌 이커머스 시장, 새로운 변화를 맞다
_중국 이머커스의 급부상

---

# 2장
## 네 마리 용의 공습, 그들의 전략과 핵심 무기는 무엇인가

# 3장

## 미국과 중국의
## 새로운 경쟁이 시작되다

# 4장

C-커머스의 공습,
우리는 어떻게 할 것인가

**AliExpress**
**Temu**
**Shein**
**TikTokShop**

# 알테쉬톡의 2차 공습, 우리는 준비되어 있는가?

2022년 8월부터 2023년 8월까지 미국 미주리주립대학교 교환 교수로 1년간 '미국과 중국 간 첨단 기술 경쟁과 미국적 관점에서 바라보는 미·중 패권 경쟁'이라는 주제로 많은 연구와 프로젝트를 수행한 바 있다. 중국 테무와 쉬인 플랫폼이 북미 시장을 집중적으로 공습하던 바로 그 시기였다. 필자는 그 시기 미국 현지에서 알테쉬톡(알리익스프레스·테무·쉬인·틱톡샵)의 공습과 그 위력을 실감할 수 있었다.

"교수님, 저희들 스마트폰에 테무와 쉬인 앱은 필수로 다 깔려 있어요." 미국 20개 주가 넘는 지역에서 만난 대부분의 여대생들이 필자한테 한 말이다. 평균 미국 여대생 10명 중 8명은 테무와 쉬인의 초저가 제품에 중독되었다 싶을 만큼 열광하고 있었다.

테무는 2022년 9월 1일 설립되어 미국 시장 공략을 본격화한 후 초저가 경쟁력을 기반으로 1년도 되지 않아 앱 다운로드 수에서 아마존을 추격할 정도로 빠르게 성장했다. 2023년 기준 테무 쇼핑 앱 국가별 다운로드 비중을 보더라도 미국이 53%를 차지할 정도로 미국 소비자들을 사로잡았다. 테무는 미국 시장을 기반으로 설립된 지 2년도 되지 않은 짧은 시간 안에 캐나다·호주·영국·독일·일본·한국 등 72개 국가로 확장하며 빠르게 몸집을 키워 나가고 있다.

쉬인도 마찬가지로 북미 시장을 집중 공략하며 빠르게 글로벌 시장으로 성장했다. 2023년 미국 블랙프라이데이 쇼핑 기간 동안 쉬인의 온라인 매출액은 98억 달러로 전년 대비 7.5% 성장하면서 미국 패스트 패션 시장 점유율의 40%에 육박할 정도가 되었고, 그 결과 미국 내 패션 의류 유통 및 제조 생태계가 조금씩 무너지고 있다. 그리고 얼마 지나지 않아 알리익스프레스와 틱톡샵의 미국 공습도 이어졌다.

필자는 미국 내 알테쉬톡의 공습을 지켜보면서 곧 한국 시장 공습이 가시화될 것을 직감한 바 있다. 2023년 9월 귀국 후 필자는 이른바, '네 마리 작은 용'이라 불리는 알테쉬톡의 C-커머스 플랫폼에 대한 칼럼을 쓰기 시작했다. 2023년 하반기 알테쉬톡의 국내 공습이 본격화되기 전부터 알테쉬톡 플랫폼별로 그들의 특징과 장단점을 분석하고, 글로벌 전략과 그 속내를 방송과 신문 칼럼을 통해 국내에 알리려고 노력했다. 필자가 소속되어 있는 한중연합회 산하 중국경영연구소 차이나세미나에서도 '알테쉬톡의 글로벌 전략과 대응'이라는 주제로 세미나를 진행하며 국내 소비자와 유통과 제조 생태계에 미칠 영향을 소개하며 경각심을 환기시켰다.

그리고 2024년 상반기에 알리익스프레스와 테무의 국내 공습과 소비자 안전 이슈가 부각되자 KBS 교양 시사 프로그램인 〈이슈 픽, 쌤과 함께〉로부터 알테쉬톡 관련 TV 강연을 섭외 받게 되었다. 예상 밖의 많은 분들이 TV 강연을 보셨고, 한국 산업용재협회·한국 중소

기업융합협회 등 국내 중소기업 단체들의 강연 요청과 출판사의 책 출간 제의가 쇄도했다. 그러면서 국내 중소 유통 및 제조 생태계가 조금씩 무너지고 있는 현장을 직접 경험하게 되었고, 피해 기업들과 현장감 있는 인터뷰를 통해 그 심각성을 더욱 인식하게 되었다. 필자가 이 책을 집필해야겠다는 마음을 먹게 된 이유이기도 하다. 또한 알테쉬톡의 1차 공습에 이어 다가오는 2차 공습을 바라보며 우리 정부와 유통과 제조 생태계에 경종을 울려야 한다는 우려와 걱정으로 바쁜 일정 속에서도 이 책을 마무리할 수 있었다.

정부와 언론 매체가 C-커머스 공습에 따른 국내 소비자의 안전과 개인정보 문제에 매몰되어 있는 동안 제조와 유통 산업 전반의 국내 산업 생태계가 조금씩 무너지고 있는 사실에 주목해야 한다. 이미 패션 의류의 메카인 동대문 의류 도매 상가, 창신동 완구 및 문구 상가도 C-커머스의 공습에 하나둘씩 폐점하는 곳이 늘어나고 있다. 이는 결국 지방 상권 붕괴와 함께 실업률 상승으로 이어지면서 지방 경제에 큰 타격을 미칠 가능성이 크다. 당장 눈에 보이지 않을 뿐이다. C-커머스의 공습은 이제부터 시작이다.

C-커머스의 공습이 우리 산업 생태계에 미칠 영향과 파급은 4가지 영역으로 구분할 수 있다. 첫째, 쿠팡과 네이버의 양강 플랫폼을 제외한 중견·중소 오픈마켓의 매출 하락이 지속되고 적자 경영이 가시화될 경우 중국 자본에 의한 지분 인수 가능성이다. 위메프, 티몬 사태는 국내 이커머스 플랫폼 생태계의 합종연횡을 촉발하는 도화선

이 될 것이다. C-커머스 플랫폼들은 그 틈을 기회로 삼아 시장 영향력을 키워 나갈 것이다. 지분 인수 및 참여는 국내 오픈마켓을 넘어 배송, 물류 등 유통 풀필먼트 생태계 전반에서 나타날 수 있다.

둘째, 국내 온라인 통신 판매 기업과 개인 쇼핑몰의 소상공인 생태계가 무너지고 있다. 국내 온라인 쇼핑 통신 판매 사업은 대부분 중국에서 생활용품이나 의류, 신발 및 잡화 등 공산품을 구매한 뒤 국내에서 중간 마진을 붙여 되파는 비즈니스 형태로, C-커머스 공습이 본격화되면서 직격탄을 맞은 대표적인 영역이다. 행정안전부 지방 행정 인허가 데이터에 따르면, 2023년 국내 인터넷 통신판 사업자의 폐업이 7만 8,580개로 급격히 증가하는 추세다. 2024년 1~2월 두 달간 폐업한 인터넷 쇼핑몰만 24,035곳으로 전년 동기 대비 29.3%가 증가했다.

셋째, 수입 유통 생태계를 파괴시키며 시장 혼란을 더욱 가중시킬 것이다. 산업용 원부자재 및 스마트폰 액세서리, 노트북 주변기기 제품 등 다양한 국내 수입 유통 생태계가 직접적인 영향을 받고 있다. 수입 유통 분야는 국내 산업 생태계에서 고용, 세수, 물가 안정에 있어 중요한 역할을 담당하고 영역이다.

넷째, 중소 제조 생태계에 직접적인 타격을 주면서 기타 산업으로 확대되는 도미노 효과가 일어날 가능성이다. 초저가 중국산 제품이 한국산 제품을 대체하면서 국내 제조업 생산을 파괴하고, 그로 인해 제조 공장이 문을 닫고 일자리도 줄어들게 된다. 제조 기업에 원부자재 및 중간재를 공급하는 기업도 영향을 받게 된다.

한편, C-커머스의 제품 안전성과 불량품에 대한 보도가 집중되면서 한국 이커머스 시장을 파고들었던 C-커머스의 성장세가 멈출 것인지에 대한 관심도 높아지고 있다. 일부 전문가들은 한때의 유행으로 끝나거나 머지않아 그 성장세가 확연히 줄어들 것으로 전망하고 있다. 정부의 강력한 법적 대응이나 안전성 및 가품 논란이 지속된다면 그럴 가능성도 배제할 수 없다. 그러나 필자는 비록 C-커머스의 성장 속도와 성장 폭이 감소할 수는 있으나, 국내 시장에서 퇴출되거나 한때의 유행으로 끝날 것으로 보지 않는다.

C-커머스의 1차 공습에 이은 2차 공습은 상황이 더 심각해지며 제2의 차이나쇼크로 확산될 가능성도 배제할 수 없다. 알테쉬톡의 변화와 진화에 주목해야 하고 준비해야 한다. 결코 이들을 만만하게 보아서는 안 된다. 필자는 이 책에서 알테쉬톡의 공습이 우리나라에 어떤 영향을 미치고 있는지 현장과 사례 중심으로 설명하고자 노력했다. 그리고 그에 대한 우리 정부와 산업계가 어떻게 대응해야 하는지 대안과 방법론을 제시하고자 고민했다.

이 책은 4개의 장으로 구성되었다. 1장은 글로벌 이커머스 시장에서 중국 이커머스 플랫폼의 성장 배경과 전략을 분석해 보았다. 특히 전 세계를 위협하고 있는 알테쉬톡 플랫폼과 중국 정부와의 관계 그리고 그들 간 벌어지고 있는 치열한 출혈 경쟁의 현장 이야기를 담았다. 2장은 알테쉬톡, 네 마리 용의 글로벌화 전략과 그들 특유의 경쟁력을 자세히 분석해 보았다. 가장 빠른 용인 알리익스프레스, 거대한 용인 테무, 성장하고 있는 용인 쉬인, 잠룡인 틱톡샵의 성장 배경과 전략을 독자들이 이해하기 쉽도록 분석했다.

3장은 알테쉬톡의 미국 시장 공습에 따른 앞으로의 미·중 패권 경쟁의 변화와 그에 따른 영향을 분석했다. 알테쉬톡의 미국 공습은 미·중 충돌의 또 다른 불씨가 되면서 글로벌 이커머스 시장이 요동칠 가능성이 크다. 또한 우리 정부의 전략적 대응과 향후 규제의 객관적 잣대와 기준을 마련하기 위해 알테쉬톡의 공습에 대한 유럽 및 각국의 반응과 규제는 어떻게 진행되고 있는지를 자세히 살펴보았다.

마지막 4장은 알테쉬톡 플랫폼이 우리 경제를 어떻게 침식시키고 있는지 소비자와 산업적 관점에서 분석하고 그에 대한 대응 전략을 제시하고자 했다. 특히 C-커머스의 제2차 공습이 어떤 식으로 시작되고, 그 파급과 영향은 어떠할지 분석하고 전망해 보았다.


예정보다 조금 지연되었지만 책을 마무리하고 출판되기까지 매우 힘든 과정이었고, 짧은 시간 내 출판을 위해 많은 밤을 지새운 듯하다. 눈도 아프고 허리도 많이 안 좋아졌다. 핑계지만 연이은 중국 관련 이슈로 인해 각종 방송 출연과 신문 칼럼, 대학 교수로서의 역할 그리고 (사)한중연합회 회장 및 산하 중국경영연구소 소장 업무까지 열심히 바쁘게 지내다 보니 출판 시기가 조금 미루어졌다.

원고 작성이 지연될 때마다 끝까지 포기하지 않고 자극제 역할을 해주신 강원연구원 윤승현 박사님과 편집에 도움을 주신 더숲 출판사 관계자분들께 이 기회를 빌어 고마움을 전한다. 그리고 항상 옆에서

용기와 격려를 해준 김동영 중국경영연구소 부소장과 조병욱 사무국장에게 감사의 마음을 전한다. 무엇보다 질풍노도의 시기를 겪고 있는 아들 은호가 무사히 사춘기를 잘 극복하고 건강하게 잘 자라길 바라고, 은호 키우느라 고생하고 있는 경진이에게도 미안함과 사랑의 마음을 전한다. 앉으나 서나 고향에서 막내 아들의 건강과 안전을 걱정하시는 어머님과 90세가 넘으신 어머님을 돌아가며 보살피시느라 고생하시는 형님·누님들께 부족한 이 책을 바치고 싶다.

마지막으로, 몸이 불편하시지만 그래도 건강하게 항상 그 자리에서 계신 어머님께 감사의 말씀을 전한다.

연구실에서 원고를 마무리하며

★ ★ ★

# 1장

# 글로벌 이커머스 시장, 새로운 변화를 맞다

### _ 중국 이머커스의 급부상

**일러두기**

도표 및 그래프에 출처가 표시되지 않은 경우는 필자가 각종 자료를 참고해 작성한 것입니다.

# 전 세계 경제를 위협하는
# 중국 해외 직구 플랫폼

　전 세계적으로 중국 직구 플랫폼들의 약진이 매우 거세게 일어나고 있다. 중국 해외 직구(콰징跨境, 국경 간 전자상거래) 시장에서 이른바 '네 마리 작은 용(四小龍)'이라고 불리는 플랫폼들이 놀라운 속도로 성장해 미국 시장을 넘어 중남미·동남아·중동 시장으로까지 확산되고 있고, 아마존·이베이 등 글로벌 이커머스 기업들을 바짝 추격하고 있다.

　'네 마리 작은 용'은 알리익스프레스(AliExpress), 테무(TEMU), 쉬인(SHEIN), 틱톡샵(TikTok Shop)을 일컫는 신조어다. 이들은 상상을 초월하는 저렴한 가격과 AI, 빅데이터 경쟁력을 기반으로 빠르게 글로벌 시장을 파고들고 있다.

　이들의 성장세를 보여 주는 많은 조사 결과가 앞다투어 발표되고 있다. 2023년 블랙프라이데이 기간 동안 아마존의 주문량이 전년 대비 30% 감소한 반면, 테무와 쉬인 등 중국 콰징 플랫폼의 판매량은 3배 이상 증가했다. 테무와 쉬인이 최고 90% 할인 행사와 100~200달러 상당하는 할인 쿠폰까지 제공하며 미국 소비자들을 유인한 결과다. 틱톡샵도 최대 50% 할인 행사를 하며 미국 소비자를 끌어들이자 그 결과 아마존 주문량이 급격히 감소한 것이다.

2024년 1분기 기준 아마존 매출액은 1,433억 달러(전년 동기 대비 13% 증가)로 시장 점유율 37.6%, 북미 시장 매출액은 863억 달러(전년 동기 대비 12% 증가)로 모두 1위를 차지했지만, 중국 네 마리 용의 약진이 두드러지면서 아마존 입장에서는 결코 안심할 수 없는 상황에 이르게 되었다.

소프트웨어 애플리케이션 전문 조사 기업인 캡테라(Capterra) 조사에 의하면, 2023년 4~7월까지 아마존의 일간 활동 사용자 수(DAU)가 800만 명 감소했고, 아마존에 입점해 있는 중소 셀러의 80% 이상이 중국 콰징 플랫폼에도 입점할 계획이라고 설명하고 있다.

한편 글로벌 데이터 분석 기업인 데이터에이아이(data.ai)의 〈2024년 모바일 시장 보고서〉에 따르면, 아마존의 2023년 쇼핑 앱 다운로드 수가 전년 대비 22% 하락한 반면, 쉬인과 테무는 각각 56%와 861% 증가했다. 2023년 한 해 글로벌 쇼핑 앱 다운로드 순위를 살펴보면 1위(테무), 2위(쉬인), 3위(알리익스프레스), 4위(틱톡샵) 모두 중국 해외 직구 플랫폼이 차지했다.

특히 테무의 성장세가 가파르다. 미국 리서치 기업인 센서타워

(SensorTower)의 데이터에 따르면 2022년 9월 출시 이후 2023년 테무 쇼핑 앱 다운로드 회수가 3억 5,000만 회로 전년 대비 23배 증가해 글로벌 쇼핑 앱 다운로드 1위를 차지했다. 쉬인의 2023년 쇼핑 앱 다운로드 회수는 2억 5,000만 회로, 2014년 오픈 이후 총 누적 다운로드 회수가 8억 5,000만 회로 북미 시장을 중심으로 빠르게 성장하고 있다. 북미 시장 진입이 가장 늦은 틱톡샵의 증가폭 역시 그 기세가 무서울 정도다.

아이폰(iOS) 글로벌 쇼핑 앱 사용자 순위(2023년 11월 19~25일) 1위 아마존을 중국의 쉬인·테무와 알리익스플레스가 바짝 쫓고 있는 형국이다.

물류 전문 기업인 카고 팩트 컨설팅(Cargo Facts Consulting)에 따르면 네 마리 용 플랫폼을 통해 매일 해외로 운송되는 화물 운송량이 1만 800톤에 이른다. 이는 보잉777 화물기 108대에 달하는 엄청난 규모다. 그중 쉬인이 하루에 5,000톤 이상, 테무가 4,000톤 이상, 알리익스플레스가 1,000톤, 틱톡샵이 800톤 이상의 택배 물량을 해외로 배송하고 있다. 대부분의 상품군이 패션 의류·전자 제품·액세서리 등 소용량 택배인 점을 감안하면 엄청난 수량의 중국산 물건이 전 세계로 판매되고 있는 것이다. 중국 해외 직구 플랫폼의 영향력이 확대됨에 따라 글로벌 항공 화물 운송 업계에도 영향을 미칠 정도로 항공 화물 비용을 증가시키고 있다.

2023년 2분기부터 알리익스플레스와 테무 등 중국 해외 직구 플랫폼을 통해 한국으로 들어오는 택배 물량도 지속적으로 증가하고

## 알테쉬톡의 글로벌 다운로드 수(2023년 기준)

약 49억 2,000만

약 3억 5,000만

약 2억 5,000만

약 1억

| 테무 | 쉬인 | 틱톡앱 | 알리익스프레스 |
|---|---|---|---|
| 📍미국 📍유럽 📍동남아시아 | 📍미국 📍유럽 📍중동 | 📍미국 📍영국 📍동남아시아 | 📍미국 📍한국 📍브라질 📍프랑스 |

약 140 억 달러

약 450 억 달러

약 200 억 달러

약 300 억 달러

출처: 센서타워 및 각종 자료 종합

있는 추세다. 해상을 통해 한국에 들어오는 해상 특송 수입 물품 중 67%가 평택세관을 통해 들어온다. 평택세관을 통해 들어오는 수입 물품의 대부분이 알리익스프레스와 테무 등 중국 해외 직구 제품들이다. 평택세관에 반입되는 해상 특송 화물 반입 건수는 2019년 152만 건에서 2020년 1,335만 건, 2021년 2,333만 건, 2022년 3,204만 건, 2023년 4,009만 건으로 매년 폭발적으로 증가하고 있는 추세다. 평택세관은 2024년에는 5,000만 건을 넘은 5,298만 건, 2025년에는 7,643만 건으로 증가할 것으로 예상하고 있다. 중국발 해상 특송 화물이 밀려들자 평택세관은 담당 직원을 기존의 8명에서 34명으로 대폭 증가시켰지만 여전히 업무 과부하로 피로도가 심각한 실정이다.

알리익스프레스의 국내 택배 물량을 담당한 CJ대한통운의 물동량을 보더라도 그 상황을 짐작케 한다. 2023년 알리익스프레스의 국내 택배 물량은 CJ대한통운이 80%, 한진해운과 우체국 등이 각각 20%를 담당해 왔다. CJ대한통운이 진행한 알리익스프레스의 물동량을 보더라도 2023년 △1분기 346만 상자 △2분기 531만 상자 △3분기 904만 상자 △4분기 1,200만 상자로 한 해 약 3,000만 상자를 취급한 셈이다. 2024년은 이보다 더 늘어난 5,000만 상자까지 급증할 것으로 업계에서는 보고 있다.

2024년 4월 기준 알테쉬톡의 글로벌 월간 활성 사용자 수(MAU) 통계를 보면, 알리바바의 B2B 플랫폼과 B2C인 알리익스프레스를 포함한 사용자 수가 약 4억 9,600만 명이고, 테무는 4억 2,900만 명, 쉬인은 1억 9,400만 명으로 빠르게 증가하는 추세다.

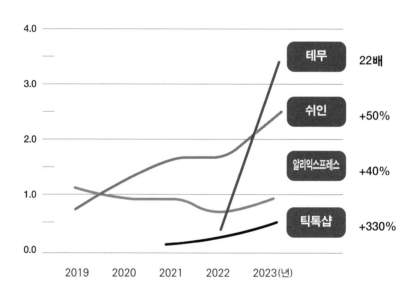

네 마리 용의 글로벌 다운로드 수(등록 사용자 수) 현황

출처 : 센서타워, 초상은행 연구원

한편, 틱톡 앱의 월간 활성 사용자 수는 15억 명, 그중 틱톡샵의 이커머스 사용자 수는 약 1억 명으로 조사되었다.

## 중국의 수출 하락을 막아라

2018년 미국과 중국 간의 전략 경쟁이 본격화되었다. 코로나19 때 중국에서 3년간 도시를 봉쇄하는 바람에 공급망은 무너졌고 중국의 상품 무역 수출에 비상이 걸렸다. 그리고 코로나19 이후 발생한 러시아-우크라이나 전쟁 및 중동 전쟁 등 글로벌 지정학적 리스크는 세계 경제 회복을 둔화시켰고, 그에 따른 글로벌 인플레이션이 심화되면서 대외적 리스크는 더욱 커졌다. 게다가 부동산 및 지방 정부의 부채, 그림자 금융의 대내적 경제 위기가 더해지면서 중국 내부의 수요 부진이 점차 심화되고 있다.

국가별로 살펴보면, 미국의 대중국 제재가 가시화되면서 중국의 최대 수출 국가인 미국의 비중은 빠르게 하락했다. 중국의 대미국 수출액은 2023년 5,060억 달러로 2022년 대비 -13%로 하락했고, 그에 따라 중국 전체 수출 비중에서 미국이 차지하는 비중도 2018년 19.2%에서 2023년 14.8%로 크게 하락했다. 2023년 기준 중국의 대표적인 수출 국가인 일본(-8.7%), 한국(-8%)뿐만 아니라 독일(-13%) 등 유럽 국가에 대한 수출도 전반적으로 하락하고 있는 추세다. 다행히, 아세안 국가, 중남미, 아프리카 등 개도국과 러시아(+46%)에 대한 수출 비중이 확대되면서 무역 흑자를 유지할 수 있었다.

중국 해관총서에 따르면, 2023년 중국 상품 무역 수출입 총액이

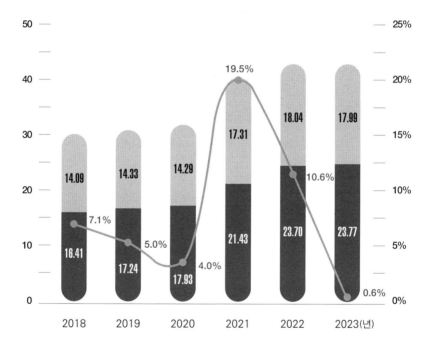

## 중국 상품 무역 수출입 총액과 수출 증가율

■ 수출 금액(조 위안)          ■ 수입 금액(조 위안)

●— 국경 간 전자상거래 B2C 수출 증가율

출처: 국가통계국, 해관총서, 초상은행 연구원

41조 7,600억 위안(약 7,900조 원)으로 전년 대비 0.2% 증가했다. 그중 수출은 23조 7,700억 위안(약 4,500조 원)으로 전년 대비 0.6% 증가한 반면, 수입은 17조 9,900억 위안(약 3,400조 원)으로 전년 대비 0.3% 줄었다. 2022년 중국 수출 증가율 10.6% 대비 2023년 0.6%로 대폭 감소한 것을 알 수 있다.

대내외 수요 부진 속에 중국 수출이 전년 대비 0.6% 증가할 수 있었던 배경은 2가지 요인에 기인한다. 첫째, 3가지 새로운 중국 수출 품목으로 불리는 이른바, 신삼양(新三樣)[01]의 수출이 전년 대비 30% 이상 성장했다. 2023년 처음으로 1조 위안(약 190조 원)을 돌파하며 중국 수출을 견인했다.

둘째, 대내외 수요 부진에 따른 공급 과잉의 저가 중국산 제품들이 알테쉬톡으로 불리는 국경 간 전자상거래(cross-border e-commerce) 플랫폼을 통해 전 세계로 팔려나가면서 하락하는 중국의 대외 수출을 방어하는 역할을 한 것이다. 중국의 국경 간 전자상거래는 정부의 적극적인 지원 정책과 플랫폼의 적극적인 투자, 글로벌 인플레이션 심화의 3박자가 맞아떨어지면서 지속적으로 성장했다.

2022년 중국 국경 간 전자상거래(B2C) 규모가 2조 600억 위안(전년 대비 10.1% 증가)으로 그중 수출(1조 5,300억 위안) 비중이 수입(5,300억 위안)보다 훨씬 높다. 2023년 중국의 B2C 국경 간 전자상거래 수출입액은 2조 3,800억 위안(약 450조 원)으로 15.6% 증가했고, 그중 수출

---

01  전기차, 리튬 배터리, 태양광 패널을 의미한다.

# 국경 간 전자상거래 B2C 수출 증가율 추이

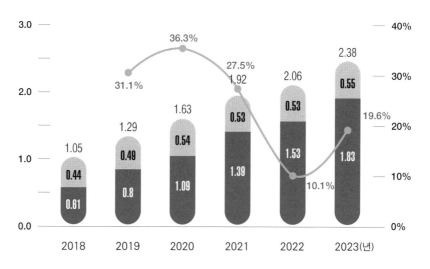

출처: 국가통계국, 해관총서, 초상은행 연구원

(해외 직구)은 19.6% 증가한 1조 8,300억 위안(약 346조 원), 수입액(역직구)은 5,483억 위안(약 104조 원)으로 전년 대비 3.9% 증가했다. 중국 B2C 국경 간 전자상거래 총액 규모가 2023년 중국 대외무역 수출입 총액의 7% 이상 차지하며 빠르게 성장하고 있다.

그래프를 보면 2가지 특이한 점을 발견할 수 있다. 첫 번째는 B2C 수입액은 크게 변하지 않는데 수출 금액은 지속적으로 증가하고 있다는 점이다. 두 번째는 수출 증가율이 2021년을 기점으로 점차 하락하다가 2023년 19.6% 증가하며 매우 빠른 성장세를 보인다는 것이다. 이런 성장세의 절대적인 공헌을 한 플랫폼이 바로 알리익스프레스, 테무, 쉬인과 틱톡샵이다.

2023년 알테쉬톡의 글로벌 성장은 중국 B2C 국경 간 전자상거래 수출을 이끌었다고 볼 수 있다. 중국 전체 수출에서 국경 간 전자상거래 비중도 매년 증가해 2023년에는 7.7%까지 증가했다.

2024년 1분기에도 중국 B2C 국경 간 전자상거래 수출입액은 5,776억 위안(약 110조 원)으로 전년 동기 대비 10% 이상 증가하며 빠르게 성장하고 있는 추세다. 만약 B2B 국경 간 전자상거래 규모까지 합치면 그 영향력은 더욱 커져가고 있다.

2023년 중국 대외 무역 규모가 약 41조 8,000억 위안(약 7,988조 원)에서 일반 무역 규모가 32조 2,000억 위안(약 6,155조 원)으로 77%를 차지하고, 국경 간 전자상거래 교역 규모가 B2B와 B2C를 합칠 경우 9조 6,000억 위안(약 1,835조 원)으로 23%를 차지할 정도로 성장했다. 미국과 EU의 대중국 무역 제재가 심화되면서 중국의 일반 무역

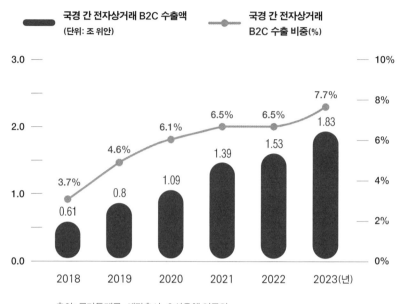

## 국경 간 전자상거래 B2C 수출액과 전체 수출 비중

━━━ 국경 간 전자상거래 B2C 수출액
(단위: 조 위안)

━●━ 국경 간 전자상거래
B2C 수출 비중(%)

출처: 국가통계국, 해관총서, 초상은행 연구원

수출액은 감소하는 반면, 국경 간 전자상거래 수출액이 증가하면서 중국 대외 수출을 어느 정도 지탱해 주고 있는 것이다.

국경 간 전자상거래 중 B2B와 B2C 비중을 보면, 알리익스프레스·테무·쉬인 등 B2C 해외 직구 플랫폼을 통한 수출이 약 2조 4,000억 위안(약 452조 원)으로 25%를 차지하고 있는 반면, 알리바바닷컴, 1688 닷컴 등 B2B 플랫폼을 통한 수출이 7조 2,000억 위안(약 1,353조 원)으로 75%를 차지하고 있다. 따라서 중국 정부는 알테쉬톡의 B2C 해외 수출 직구에 이어 알리바바닷컴, 1688닷컴 등 B2B 플랫폼의 글로벌 진출을 지원하며 수출을 확대하려고 할 것이다.

## 국경 간 전자상거래를 키워라

중국 정부는 2007년 제12차 5개년 개발 계획을 발표하면서 정책적으로 전자상거래 산업을 육성하고 관련 기업을 지원하기 시작했다. 국경 간 전자상거래를 육성하기 위해 중국은 2015년부터 '국경 간 전자상거래 종합시험구'를 7차에 걸쳐 발표했다. 종합시험구는 국경 간 전자상거래의 거래·지불·물류·통관·세금·환급·결제 등 기술 표준과 업무 프로세스, 감독 관리과 정보화 구축을 통해 중국 이커머스 기업의 해외 진출을 지원하기 위해 생겨났다.

2024년 기준 31개 성에 설립된 국경 간 전자상거래 종합시험구가 총 165개로 지역별로 보면 광둥성(21개), 산둥성(16개), 장쑤성(13개), 알리바바의 본사가 있는 항주의 저장성(12개)을 선두로 전국적으로 퍼져 있다. 중국 정부는 2013년 8월 국경 간 전자상거래 수출 확대를 위한 최초의 문건인 〈국경 간 전자상거래 소매 수출 지원 정책 의견〉을 발표하면서 중국 이커머스 플랫폼의 해외 진출을 적극 지원하기 시작했다.

특히 2024년부터 국경 간 전자상거래를 공산당 중앙 정부뿐만 아니라 지방 정부까지 모두 핵심 육성 산업으로 지정하면서, 디지털 경제 육성과 B2C, B2B 해외 수출을 경제 성장의 중요한 축으로 보고 있다. 2023년 12월 개최된 중앙경제공작회의에서 국경 간 전자상거래 수출 확대를 2024년 9대 중점 임무 중 하나로 선정했다.

## 중국 전체 상품 무역액에서
## 국경 간 전자상거래(B2B, B2C) 비중

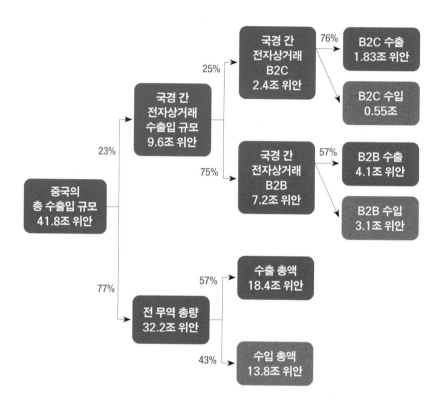

출처: 해관총서, 초상은행 연구원, 网经社
국경 간 전자상거래 수출입액 9조 6,000억 위안은 해관총서 통관신고 기준(원가 계산 기준)

또한 2024년 양회 전인대 정부 업무 보고에서도 국경 간 전자상거래 발전과 수출 확대의 중요성을 강조했다. 그에 따라 각 부처별로 수출 우대 정책 및 해외 창구 구축 등 세부 정책들이 지속적으로 발표되고 있다.

**중국의 국경 간 전자상거래에 대한 육성 및 지원 정책**

| 일자 | 정책 명칭 | 발표부서 | 주요 내용 |
|---|---|---|---|
| 2013년 8월 | 〈국경 간 전자상거래 소매 수출 지원 관련 정책 의견〉 | 국무원 판공청 | • 국경 간 전자상거래 지원을 위한 중국 최초의 정책 문건<br>• 국경 간 전자상거래 소매 수출 본격화를 위한 12개 조항의 지원 정책 실시 |
| 2015년 3월 ~2022년 11월 | 총 7차례 〈국경 간 전자상거래 종합 시험구〉 설립 문건 발표 | 국무원 | • 2015년 최초 국경 간 전자상거래 종합 시험구(항저우)를 시작으로 총 7차례 165개 종합 시험구 설립 |
| 2020년 10월 | 〈국무원 판공청의 대외 무역 혁신 발전의 실시 의견〉 | 국무원 판공청 | • 국경 간 전자상거래 신업태 발전 지원<br>• 국경 간 전자상거래 종합 시험구 건설 적극 추진<br>• 해외 창고 구축 지원<br>• 글로벌 이커머스 B2B 업무 발전 촉진<br>• 국경 간 전자상거래 산업 연맹 설립<br>• 대외 무역 종합 서비스기업 육성 등 |
| 2021년 11월 | 〈제14차 5개년 계획(14·5)에서 대외 무역 고품질 발전 규획〉 | 상무부 | • 국경 간 전자상거래 등 신무역 업태의 발전 가속화, 정보화 구축, 스마트화 구축<br>• 다원화 서비스와 현지화 경영의 해외 창고 구축 지원<br>• 해외 스마트 물류 플랫폼 구축, 해외 창고 설립을 통해 글로벌 성장을 위한 새로운 대외 무역 네트워크 구축 지원 |

| 2022년<br>1월 | 〈국내외 무역 일체화<br>발전을 위한 국무원<br>판공청 의견〉 | 국무원<br>판공청 | • 2025년까지 대내외 무역 일체화 발전<br>목표의 구체화<br>• 대내외 무역이 고효율 운영과 융합 발전<br>을 실현하고, '쌍순환'[02] 정책에서 국경<br>간 전자상거래 중요성 강조 |
|---|---|---|---|
| 2022년<br>1월 | 〈14·5(2021-2025년),<br>디지털경제 발전규획〉 | 국무원 | • 국경 간 전자상거래 발전 중요성 강조<br>• 국경 간 전자상거래 종합 시험구 건설<br>가속화<br>• 국경 간 전자상거래 핵심 기업 집중 육<br>성과 지원<br>• 이커머스 산업 생태계 구축을 위한 해외<br>창고, 물류 기업 및 해외 우수 산업단지<br>간 협력 확대 |
| 2022년<br>6월 | 〈대외 무역 신업태의<br>국경 간 위안화<br>결제 확대를 위한 의견〉 | 중국<br>인민<br>은행 | • 은행과 지불 결제 기관의 글로벌 이커머<br>스 기업에 대한 지원 확대<br>• 대외 무역 신업태 기업에 양호한 금융<br>시스템 제공<br>• 온라인화, 간편화된 국경 간 위안화 결<br>제와 환율 리스크 서비스 제공 등 |
| 2022년<br>9월 | 〈대외 무역의 안정적<br>발전을 지원하는<br>정책 조치〉 | 상무부 | • 국경 간 전자상거래 종합 시험구 범위<br>확대<br>• 국경 간 전자상거래 지원 정책의 구체화<br>• 국경 간 전자상거래 시장 주체의 육성<br>• 해외 창고 구축 지원 등 |
| 2023년<br>1월 | 〈국경 간 전자상거래<br>수출 관련 반송 상품<br>세수 정책 공지〉 | 국가<br>세무<br>총국 | • 판매 부진(적체), 반품된 경우, 수출한 날<br>로부터 6개월 이내 원래 상태로 반품된<br>제품(식품 제외)의 경우 수입 관세와 수<br>입 증치세, 소비제 면제 |

---

02  대외적으로 수출·개혁 개방을 지속하면서 대내적으로는 내수를 키우고 활성화시켜 내순환(국내 시장)<br>과 외순환(국제 시장)이 유기적으로 돌아가게 만들자는 전략.

| 2024년<br>6월 | 〈국경 간 전자상거래<br>수출 확대를 위한<br>해외 창고 구축에 관한<br>의견〉 | 상무부 등<br>9개 부처<br>공동 | • 글로벌 이커머스 시장 주체 육성을 위한<br>'국경 간 전자상거래 부능(賦能)[03] 산업<br>지대' 발전 개념 제시<br>• 금융 서비스 지원<br>• 전자상거래 수출 확대를 위한 관련 인프<br>라와 물류 시스템 구축 지원<br>• 국경 간 전자상거래 해외 창고 고품질<br>발전 촉진<br>• 감독 관리 및 표준화 규칙 강화 등 |
| --- | --- | --- | --- |

이와 함께 중국은 육상·해상 경제권을 잇는 일대일로 사업에 인터넷 인프라를 강화해, '디지털 실크로드' 전략을 통해 중장기적으로 국경 간 전자상거래의 표준을 개발하려는 야심을 가지고 있다.

중국의 디지털 실크로드 전략은 2015년 3월 중국 국가발전개혁위원회(NDRC)가 발간한 일대일로 백서인 '정보 실크로드'에서 처음으로 언급되었고, 2019년부터 본격화되기 시작했다. 최근에는 헝가리, 아랍에미리트, 캄보디아, 브라질 등 '실크로드 전자상거래'(Silk Road e-commerce) 파트너 국가와의 전자상거래 수출입이 빠르게 증가하고 있는 추세다.

국가 차원의 최적화된 국경 간 전자상거래 종합시험구를 만들어 메이드인 차이나의 해외 수출을 확대하고, 그와 동시에 일대일로 이

---

03　부(賦)는 부여할 '부(賦)'와 능력 '능(能)'을 더한 단어로 특정 기업 및 사람에게 능력·권한을 부여 또는 위임하는 것을 의미한다. 일반적으로 정부가 정책 지원과 서비스 체계 구축을 통해 중소 기업의 디지털 전환을 가속한다는 의미로 사용된다.

니셔티브(BRI)에 따른 실크로드 전자상거래를 발전시켜 중국의 글로벌 영향력을 더욱 제고시켜 나간다는 전략이다.

## 중국 해외 직구 플랫폼의 발전사

중국 이커머스 플랫폼들은 지난 30년간 글로벌 이커머스 시장을 장악한 아마존을 벤치마킹하여 중국의 저렴한 제조 생태계를 기반으로 지속적으로 성장해 왔다. 특히 2010년 알리익스프레스의 등장과 함께 많은 중국 해외 직구 플랫폼들이 생겨나기 시작했다. 현재 중국 해외 직구 플랫폼 수만 10만 개가 넘고, 국가별 및 제품 유형별로 세분화되고 구체화되는 추세다.

그중 하나인 위시(Wish)는 그 전략 속에 있던 기업으로, 2010년 7월 미국 샌프란시스코에서 설립되었다. 설립 당시 미국판 타오바오[04]로 불리며 빠르게 성장한 위시는 미국 이커머스 플랫폼으로 출발했지만 그 안을 들여다보면 거의 중국산 제품을 판매하는 이커머스 플랫폼에 가깝다.

위시는 구글 엔지니어 출신인 피터(Peter)와 중국 광저우 출신인 대니(Danny)가 공동 창업한 회사다. 창업 초기에는 미국 및 중국 제품을 모두 판매했지만, 저렴한 중국 제품이 월등히 많이 팔리자 나중에는 미국 회사인지 중국 회사인지 구분이 안 될 만큼 입점한 대부분의 판매자들이 중국인으로 바뀌었다. 2020년 나스닥에도 상장한 위시는

---

04  알리바바그룹이 운영하는 오픈마켓으로, 미국에 아마존닷컴, 일본에 라쿠텐이 있다면 중국에는 타오바오가 있다.

2021년 기준 분기 7억 달러의 매출을 올리면서 한때 아마존의 대항마로 불리기도 했다.

그러나 짝퉁·품질 불량·엉터리 배송비 청구 등의 문제로 소비자가 점차 빠져나가기 시작했다. 더욱이 테무가 본격적으로 미국 시장을 공략하면서 직접 타격을 입어 2023년 매출액이 10분의 1 수준으로 급감했다. 그리고 결국 글로벌 이커머스 플랫폼인 큐텐(Qoo10)이 2022년 국내 업체 티몬과 2023년 인터파크·위메프에 이어 2024년 2월 위시를 약 1억 7,300만 달러에 인수했다.

라이트인 더박스(Lightin TheBox)는 2007년 싱가포르에 설립된 글로벌 이커머스 회사로, 캘리포니아·상하이·선전·베이징·둥관 등에 지사를 두고 있다. 주요 판매되는 제품들은 웨딩드레스·패션 의류·가발·아웃도어 제품·신발·3C제품으로, 제품 특성상 중국 제조 공급망을 기반으로 빠르게 성장했다.

라이트인 더박스는 2013년 6월 뉴욕증권거래소로 상장하며 중국계 해외 직구 플랫폼 최초로 미국에 상장한 기업으로 이름을 올렸다. 2022년 1분기 영업이익 9,380억 달러 중 패션 의류 영업이익이 71.7% 차지할 정도로 패션 의류는 라이트인 더박스의 주요 매출 수입원이었다.

그러나 쉬인의 패스트 패션이 급부상함에 따라 라이트인 더박스의 매출은 하락하고 그에 따라 손실이 늘고 있다. 2024년 1분기를 살펴보면 매출액이 7,120만 달러(2023년 1분기 대비 52% 감소), 순손실이 383만 달러(2023년 1분기 대비 손실 3.2% 감소)로 손실이 지속적으로 늘

# 중국 글로벌 이커머스 생태계 발전 흐름

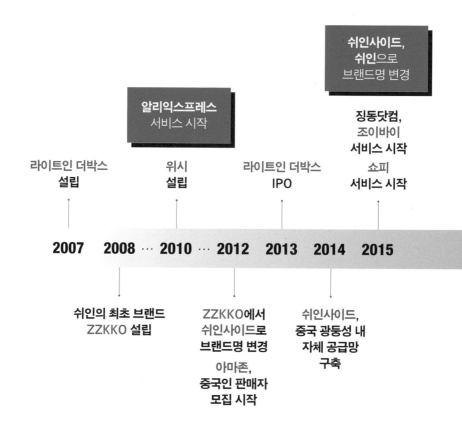

**쉬인사이드,
쉬인으로
브랜드명 변경**

**알리익스프레스**
서비스 시작

징동닷컴,
조이바이
서비스 시작

라이트인 더박스
설립

위시
설립

라이트인 더박스
IPO

쇼피
서비스 시작

**2007    2008 ··· 2010 ··· 2012    2013    2014    2015**

쉬인의 최초 브랜드
ZZKKO 설립

ZZKKO에서
쉬인사이드로
브랜드명 변경

쉬인사이드,
중국 광동성 내
자체 공급망
구축

아마존,
중국인 판매자
모집 시작

태국, 베트남,
말레이시아, 필리핀,
싱가포르에서
**틱톡샵** 서비스 시작

**테무**
서비스 시작

징동닷컴,
티키에 투자

위시 IPO
(2020)

**2016  2017  2018 ⋯ 2020  2021  2022**

알리바바,
라자다 인수

알리바바,
타오바오
상품 판매 시작

졸리치크,
세쿼이아 차이나로부터
미화 1억 달러의
대규모 투자를
받은 후
중동 지역으로
시장 확대

• 쉬인, 매출이 1,000억 위안
 (US$ 157억 8,000달러) 초과

• 아마존, 5만 명 이상의
 중국 판매자 계정 중단

• 틱톡샵, 영국과 인도네시아에서
 서비스 시작

• 중국 온라인 쇼핑몰 기업,
 글로벌이그로우(Globalegrow)
 파산 신청

• 인도, 중국 뷰티 · 패션 글로벌
 이커머스 기업인 클럽 팩토리와
 쉬인 금지

• EU, 전자상거래를 위한
 새 부가가치세 도입

• 배송비 급등

어나는 추세다.

베트남의 쿠팡으로 통하는 티키(Tiki)는 2010년 호치민에 설립되어 아마존, 라쿠텐, 중국의 징동닷컴(JD.com)과 유사한 사업 비즈니스 모델로 베트남을 중심으로 성장한 이커머스 기업이다. 알리바바에 이어 중국의 2대 전자상거래 기업인 징동닷컴이 2017년과 2019년 두 차례 지분을 투자함으로써 기존 최대 주주인 게임 업체 VNG를 제치고 티키의 최대 주주가 되었다.

졸리치크(Jollychic)는 중동 지역 최대 규모의 이커머스 기업으로 중동 시장을 타기팅해 2012년 12월 중국 항저우에 설립된 플랫폼이다. 치열한 중국 시장을 넘어 카타르, 쿠웨이트, 아랍에미리트 등 4억 명이 공통적으로 아랍어를 쓰고 있다는 점을 포착해 사우디아라비아를 중심으로 빠르게 성장했다.

중동 지역에 진출한 지 초기 5년간 매년 300% 이상의 성장률을 기록했다. 2016년 레전드 캐피털(Legend Capital)로부터 시리즈 B 라운드인 150만 달러를 투자 유치했고, 2018년 초 세쿼이아 캐피털(Sequoia Capital)로부터 시리즈 C 라운드의 막대한 투자금을 유치했다. 이를 기반으로 2016년 1억 7,000만 달러 매출, 2017년에는 5억 달러의 매출을 기록하며 성장했지만, 알테쉬톡의 공습으로 매출이 하락하고 있는 추세다.

이커머스 기업인 포딜(Fordeal)도 중동 시장을 타기팅해 만들어진 해외 직구 플랫폼이다. 포딜은 중국 광저우에 본사를 두고 광저우 뚜라 과기유한회사(广州哆啦信息科技有限公司)가 2017년 8월 설립해 남녀 패션 의류·가방·3C제품·스포츠 용품을 중심으로 빠르게 성장했다. 그러나 알리익스프레스, 테무, 쉬인이 중동으로 본격 진출함에 따라 매출액이 하락하는 추세다.

## 살벌한 광고 경쟁 속에서 메타(META)만 돈 버는 구조

2024년 30주년을 맞는 아마존뿐만 아니라 미국의 의류협회나 제조연맹은 중국 해외 직구 플랫폼의 가파른 성장세로 인해 심각한 고민에 빠져 있다. 그들의 주장에 따르면 중국 직구 플랫폼들이 미국 시장에 진입하기 위해 벌이고 있는 살벌한 광고 경쟁 속에서 결국 마크 저커버그의 메타(META)만 돈을 버는 구조가 되고 있는데, 이를 막지 않으면 미국 내 기업들은 다 공멸한다는 것이다.

센서타워 자료에 의하면 테무가 막대한 마케팅 비용을 투자함으로써 미국 소비자가 매주 평균 테무 플랫폼에 체류하는 시간이 23분이나 되며, 이로써 아마존(18분)과 월마트(14분)를 추월했다. 슈퍼볼과 같은 단기성 광고뿐만 아니라 1년 내내 페이스북, 인스타그램을 활용한 디지털 광고에도 엄청난 마케팅 비용을 쓰고 있다.

페이스북, 인스타그램의 모회사인 메타의 주가가 최근 급등한 배경에는 테무의 직간접적인 영향이 있다. 2023년 테무가 페이스북과 인스타그램에 광고비로 지출한 금액만 12억 달러에 이르는데, 테무의 글로벌 성장세에 대응하기 위해 아마존도 경쟁적 차원에서 메타 광고 비용을 많이 지출하게 되면서 메타의 수익이 늘어난 것이었다. 아마존과 테무의 글로벌 마케팅 경쟁 속에서 메타가 실익을 챙기는 셈이다.

미국의 섬유 제조 업체 밀리켄앤컴퍼니는 2023년 테무와 쉬인의 공습으로 이미 공장 2곳을 폐쇄했고 300명이 넘는 직원을 해고했다. 미국 자전거 업계 무역 단체인 피플포바이크는 중국 해외 직구 플랫폼 때문에 미국의 기존 자전거 소매 유통 생태계가 무너지고 있다고 주장하고 있다. 이러한 상황은 영국, 스페인, 브라질도 같다.

최근 국내에도 중국 직구 플랫폼의 공습이 본격화되고 있다. '해외 직구=미국 직구'라는 공식과 고정관념이 무너지면서 국내 소비 유통 생태계에 대대적인 지각 변동이 일어나고 있는 상태다.

관세청 통계에 의하면 2023년 국내 해외 직구 금액이 6조 7,567억 원으로 전년 동기 대비 26.9% 증가했는데, 국가별 순위를 살펴보면 중국에 대한 직구가 3조 2,873억(점유율 48.7%)원으로 미국(1조 8,574억 원)을 월등히 앞섰다. 미국에 대한 직구가 전년 동기 대비 7.3% 감소한 반면 중국에 대한 직구는 121.2% 급증했다. 상품별로 보면 의류 및 패션 관련 상품이 전년 대비 43.5% 증가, 생활 및 자동차 용품이 35.9% 증가, 스포츠 및 레저용품의 경우 65.5% 증가했다. 2024년 1/4분기 온라인 해외 직접 구매액을 살펴보면, 중국이 9,384억 원(점유율 57%)으로 우리 해외 직구의 절반 이상이 중국인 셈이다. 반면 미국은 1분기 3,753억 원으로 점유율도 지속적으로 하락해 22.8%에 불과했다.

사실 중국 직구가 우리나라의 온라인 해외 직접 구매 1위 국가로 등극한 것은 2023년이 처음이 아니다. 해외 직구 건수 기준으로는 2020년 전체 48.3%로 1위를 차지했고, 금액 기준으로는 2022년 36.2%로 1위를 차지했다.

### ● 중국 직구 건수 비중 증가율

(2019년) 33.8% → (2020년) 48.3% → (2021년) 50% →
(2022년) 54% → (2023년) 68%

### ● 중국 직구 금액 비중 증가율

(2019년) 18.7% → (2020년) 24.4% → (2021년) 27.9% →
(2022년) 36.2% → (2023년) 48.7%


문제는 2023년 상반기 알리익스프레스가 한국 법인을 설립하면서, 알리발 중국 직구가 급증하기 시작했고, 2023년 하반기 테무의 한국 공습이 더해지면서 중국 직구가 매우 빠르게 증가했다는 것이다.

이러한 중국 쾌장 플랫폼의 급속한 성장은 단순히 해외 직구 시장을 넘어 국내 이커머스 기업들에게도 위협으로 다가오고 있다. 시장 분석 업체인 와이즈앱이 한국인 안드로이드와 아이폰(iOS) 스마트폰 사용자를 대상으로 조사하고 발표한 2024년 6월 월간 활성 사용자 수 데이터를 보면, 알리익스프레스(2위, 836만 명)와 테무(3위, 837만 명) 등 중국 해외 직구 플랫폼의 약진이 두드러진다. 알리익스프레스·테무·쉬인 등 중국 플랫폼 월간 활성 사용자 수는 늘어나는 한편 쿠팡(1위,

## 지역별 해외 직구 구매액 구성비

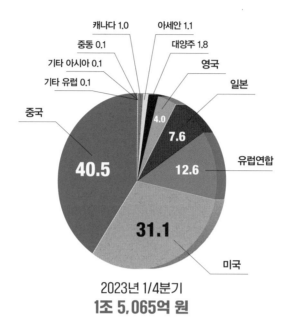

캐나다 1.0
중동 0.1
기타 아시아 0.1
기타 유럽 0.1
아세안 1.1
대양주 1.8
영국
일본
중국
유럽연합
4.0
7.6
12.6
40.5
31.1
미국

2023년 1/4분기
**1조 5,065억 원**

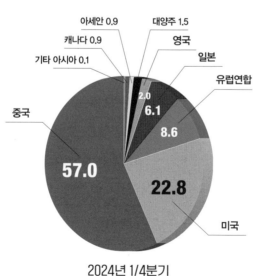

아세안 0.9
캐나다 0.9
기타 아시아 0.1
대양주 1.5
영국
일본
유럽연합
중국
2.0
6.1
8.6
57.0
22.8
미국

2024년 1/4분기
출처: 통계청
**1조 6,476억 원**

3,129만 명), 11번가(4위, 712만 명), G마켓(5위, 489만 명) 등 국내 이커머스 플랫폼의 MAU는 점차 감소하는 추세다.

2024년 초 알리와 테무 등 C-커머스에 대한 부정적인 국내 언론 보도에도 불구하고 알리와 테무의 성장세는 지속되고 있다. 3위를 두고 테무와 11번가의 치열한 사용자 수 경쟁에서 3위 테무와 4위 11번가의 격차가 점차 늘어나고 있다.

특히 테무의 가파른 성장세는 국내에서도 여지없이 드러난다. 2023년 8월 52만 명이었던 사용자가 7개월 만에 16배 이상 급증하면서 11번가를 제치고 3위 자리를 확고히 하고 있다. 알리익스프레스와 테무를 합치면 1,660만 명이 넘은 상태로, 여기에 급속히 성장하고 있는 쉬인과 향후 한국 시장 진출을 공식화한 틱톡샵까지 가세할 경우 중국 해외 직구 플랫폼 사용자 수는 더욱 빠르게 늘어날 것으로 전망된다.

이렇게 중국 플랫폼에서의 직구가 급격히 증가하고 있는데 통관 물품 100%가 중국에서 오는 평택세관 특송 물류 센터의 경우, 2023년 광군제·블랙프라이데이 쇼핑 시즌에는 하루 평균 15만 건의 중국 제품을 처리할 정도다. 평택세관의 2023년 중국산 직구 제품 통관 물품 4,000만 건을 34명이 근무일(연간 310일) 기준으로 3,800건을 처리한 셈이다. 2023년 기준 1억 1,3144만 건의 해외 직구 물품 중 68%에 해당되는 8,881만 5,000건이 중국에서 한국으로 들어왔다.

상황이 이렇게 되자, 인천 및 평택세관의 특송 물류 센터 시설 및 인력이 본격적으로 확충될 움직임을 보인다. 2024년 4월 23일 시장

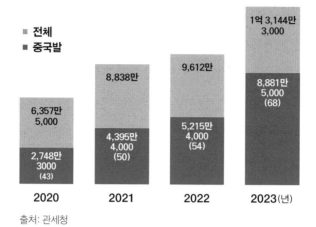

전자상거래 물품 통관 현황(단위: 건, 비중 %)

- 전체
- 중국발

2020: 6,357만 5,000 / 2,748만 3000 (43)
2021: 8,838만 / 4,395만 4,000 (50)
2022: 9,612만 / 5,215만 4,000 (54)
2023: 1억 3,144만 3,000 / 8,881만 5,000 (68)

출처: 관세청

분석 업체 와이즈앱·리테일·굿즈에 따르면 2023년 4월 1일~2024년 3월말까지 알리익스프레스와 테무에서의 결제액이 2조 9,234억 원에 달했다. 이 금액은 신용카드와 체크카드 등 소비자 결제 내역만 기준으로 한 것으로, 법인카드·기업간 거래·간편결제까지 포함하면 3조 원이 넘을 것으로 추산하고 있다.

이 가운데 대부분이 알리익스프레스 플랫폼을 통해 구매된 제품들이다. 상황이 이렇다 보니 알리익스프레스 한국 물류 파트너사인 CJ대한통운도 인천공항 국제 특송 센터의 증설을 추진 중이다.

**알리익스프레스,**
**2023년 한국인이 가장 많이·오래·자주 사용한 모바일 앱**

맨 처음 국내 시장 공략의 교두보를 마련한 업체는 단연 알리익스프레스다. 최근 들어 중국 해외 직구 플랫폼의 절대 강자인 알리익스프레스의 약진이 심상치 않다는 것은 많은 사람이 이미 공감하는 부분이다. 와이즈앱이 발표한 '2023년 한국인이 가장 많이·오래·자주 사용한 모바일 앱' 순위를 살펴보면 놀랍게도 알리익스프레스가 1위를 차지했다.

세상에 존재하는 모든 물건들을 거래한다는 알리바바그룹은 2018년 한국 시장에 진출했다. 그 후 2023년 8월 '알리익스프레스코리아 유한회사'라는 이름으로 한국 법인을 등록하고, 한국 시장을 공략하기 위해 앞으로 3년간 11억 달러(약 1조 5,000억 원)를 투자할 계획이라고 2024년 3월 보도되었다. 축구장 25개와 맞먹는 알리익스프레스 한국 물류 센터(풀필먼트) 건립을 포함한 투자안도 발표했다. 물류 센터가 생기면 배송 기간이 크게 단축되어 알리익스프레스의 경쟁력은 훨씬 강화될 것이다.

또한 직구 상품의 경우 구매 후 90일 이내에는 이유에 상관없이 100% 환불이 가능해지며, 직구 상품이 위조 상품이나 가품으로 의심되면 100% 환불해 줄 예정이라고 한다. 실제로 2023년 10월부터 가품으로 의심되는 상품을 취급한 5,000여 개의 셀러들을 퇴출시켰고 위조로 의심되는 182만 4,810개의 상품을 삭제했다. 또한 이 기간 동안에 상품을 구매한 한국 소비자들에게 환불 요청을 받아 환불 조치를 했다.

## 테무, 마침내 한국에 상륙한 글로벌 시장의 쇼핑 앱 1위

알리익스프레스가 중국 해외 직구에서 선두 주자였다면 알리익스프레스를 바짝 뒤쫓으면서 위협하고 있는 신형 플랫폼이 있다. 바로 테무다. 알리익스프레스보다 더 파격적인 가격으로 미국 직구 시장을 넘어 한국까지 공습해 오고 있는 테무의 글로벌 확장성은 대단하다. 긴 배송 시간, 저품질과 낮은 고객 만족도에도 불구하고 2023년 7월 한국에 상륙한 후 초저가 돌풍을 불러일으키며 한국 시장을 빠르게 잠식해 가고 있다. 그리고 마침내 2024년 2월 23일 전 세계 50개국에 진출한 시가 총액 210조 원(1,583억 달러)인 테무의 모회사 핀둬둬(Pinduoduo, PDD)는 '웨일코코리아 유한회사'로 첫 국내 법인을 설립했다.

국내 빅데이터 플랫폼인 아이지에이웍스에 의하면, 국내 론칭 6개월 만에 테무 누적 앱 다운로드 건수가 900만 건에 도달한 바 있다. 그 후 부정적 여론에도 불구하고 900만 건에 가까운 사용자 수를 유지하고 있는 추세다. 2024년 1월 한 달만 살펴보면 앱 다운로드 건수가 222만 건(전체 신규 설치 앱의 22.64%)으로, 국내 쿠팡·당근마켓 및 알리익스프레스를 제치고 쇼핑 앱 부분 1위를 차지했다. 2024년 1월 국내 신규 설치된 쇼핑 앱 5개 중 1개 이상이 테무라는 얘기다.

테무가 한국 시장에 본격적으로 뛰어들자 국내 유통 업계의 불안감은 고조되고 있다. 테무는 세계 무대에서 알리익스프레스보다 더 위협적이고 영향력이 크기 때문에 국내 유통 업계에서는 테무의 등장을 중국 이커머스 업계가 국내 시장을 장악하는 신호로 보고 있다.

## 알리익스프레스, 테무, 쉬인, 틱톡샵의 국내 진출 타임라인

| | |
|---|---|
| 2017년 11월 | 틱톡 한국 서비스 시작 |
| 2018년 | 알리바바그룹(알리익스프레스 모기업), 한국 시장 진출 |
| 2021년 | 틱톡샵, 인도네시아 등 동남아 6개국 진출 |
| 2022년 | 쉬인, '쉐인서비스코리아 유한회사'라는 사명으로 국내 법인 설립 |
| 2023년 7월 | 테무, 한국 서비스 시작 |
| 8월 | 알리익스프레스, 한국 법인 설립 |
| 9월 | 틱톡샵, 미국 진출 |
| 12월 | 틱톡코리아, '틱톡샵' 상표 국내 출원 |
| 2024년 2월 | 테무의 모회사 핀둬둬, '웨일코코리아 유한회사'로 첫 한국 법인 설립 |
| 2024년 3월 | 알리익스프레스, 한국 물류 센터 건립을 포함한 투자안 발표 |
| 2024년 6월 | 쉬인코리아, 한국 시장 진출 공식 선언 |
| 2024년 7월 | 쉬인코리아, 오프라인 팝업 스토어 오픈 |

웨일코는 미국에서 테무를 운영하는 핀둬둬의 자회사로, 웨일코코리아를 이끌 사람은 2015년 핀둬둬의 공동 창업자인 퀸 선(Qin Sun)이다. 테무를 운영하는 싱가포르 기업 '엘리멘터리 이노베이션'의 대표로 테무의 글로벌 확장을 이끌었던 인물이다.

통계조사기관 스타티스타(Statista)에 따르면, 테무가 2023년 전 세계에서 가장 많이 다운로드된 1위 쇼핑 앱이다. 3위 아마존(1억 8,812만 건)보다 80% 많은 3억 3,772만 건이다. 8위의 알리익스프레스(1억 108만 건)보다 3배가 넘는다. 유럽에서도 가장 많이 다운로드된 앱으로, 테무의 다운로드는 북미와 유럽에서 44%, 29%를 차지했다. 2024년 지난 1월 테무의 글로벌 월별 다운로드 수는 약 4,700만 건 이상으로, 대한민국 인구 수(5,100만 명)에 육박하는 수치다.

테무는 막대한 자금으로 국내 시장을 빠른 시간 안에 장악할 것으로 보인다. 테무의 2024년 6월 한국 이용자 수는 824만 명이다. 국내 서비스를 시작한 2023년 7월 이후 국내 이커머스 4위에 올랐고, 2위인 알리익스프레스보다 기간 대비 사용자 증가 속도가 빠르다.

쿠팡을 비롯한 국내 유통 업계는 불안감을 감추지 못하고 있다. 최근 쿠팡의 경우 전국 물류망을 확충하고 전국 무료 로켓배송을 확대하는 3조 원 이상의 투자를 발표한 바 있는데, 이것 역시 중국 이커머스 업계의 국내 진출을 대비한 것으로 알려졌다.

국내 법인이 생긴 만큼 국내 오픈마켓으로 진출할 가능성도 엿볼 수 있다. 알리익스프레스의 경우도 직구 플랫폼을 통해 한국 소비자들을 끌어모은 뒤 국내 판매자 오픈마켓 등으로 사업을 확대했다.

중국 업체들의 자금력은 상당하다. 쿠팡과 비교하면 압도적이다. 알리바바의 합산 시가 총액과 보유 현금은 쿠팡의 각각 10배 이상이다.

최근 2024년 5월 8일 발표에 따르면, 쿠팡은 처음으로 분기 매출 9조 원을 넘어섰다. 하지만 영업이익은 4,000만 달러(약 531억 원)로 2023년 같은 기간 1억 677만 달러보다 61% 감소했고, 당기순손실은 2,400만 달러(약 319억 원)를 기록했다. 7분기 만에 적자로 돌아섰다고 밝혔다.

중국 온라인 플랫폼의 진출 속도가 점점 더 빨라지면서 쿠팡을 비롯한 토종 업체들의 우려는 한층 더 깊어진다. 이제 잠식당하는 것은 시간 문제일 뿐이라는 것이 공통적인 예측이다.

## 쉬인 진출 본격화, 틱톡샵 한국 시장으로의 출격 준비 중

쉬인은 이미 2022년 말 쉐인서비스코리아를 설립했다. 쉬인은 풀필먼트(Fulfillment)를 지원하는 국내 의류 전문 유통사, 특히 해외 직구까지 지원하는 센터와 함께할 가능성이 커졌다. 풀필먼트는 물류 전문 업체가 판매업자에게 위탁을 받아 배송·보관·포장·재고 관리·교환 및 환불 서비스까지 일체 진행하는 방식이다. 쉬인은 2024년 7월 성수동 근처에 잠깐 팝업 스토어를 오픈한 적이 있지만, 아직 공식적인 오프라인 매장이 없기 때문에 국내 물류 센터와 함께 해야만 국내 시장에서 타사의 의류 플랫폼과 경쟁할 수 있다.

쉬인은 최근 한국의 유명 배우를 자체 브랜드 모델로 선정하고 본격적인 마케팅에 돌입했다. 쉬인의 자체 브랜드는 쉬인의 모회사 '로드겟 비즈니스(Roadget Business PTE. LTD.)'가 소유하고 있는 '데이지(DAZY)'로, 쉬인을 통해서만 유통된다.

유명 배우 마동석과 탕웨이를 모델로 선정해 국내 인지도를 끌어올린 알리익스프레스처럼 쉬인 역시 국내 유명 배우 김유정을 모델로 선정했다. 쉬인의 제품이 품질이 낮아 몇 번 입지 않고 쉽게 버려지는 점이 전 세계적인 문제로 대두되고 있는 가운데, 그 부정적 이미지를 탈피하기 위한 방책이라는 의견도 나오고 있다.

쉬인의 회장 도널드 탕은 2024년 5월 7일 미국 로스앤젤레스에서 열린 밀컨 글로벌 콘퍼런스에서 '쉬인은 의류 쓰레기 주범'이라는 오명에 대해 거듭 강조하며 말했다.

"쉬인의 성공 비결은 주문형(on-demand) 모델이라는 데 있습니다. 소비자가 원하는 것을 소량 생산합니다. 전 세계 150개국 이상에서 모든 사이즈와 모든 국적의 사람에게 정말로 많은 스타일을 맞춤형으로 제공하기 때문에 판매가 안 돼 버려지는 옷은 없습니다."

쉬인은 초저가의 '울트라 패스트 패션' 상품을 앞세워 큰 성장을 했지만, 환경오염 논란이 끊임없이 제기되자 이 오명에서 벗어나기 위한 방법을 모색 중에 있다.

틱톡샵 역시 거대 자본과 이용자 수를 토대로 국내에 들어올 예정이다. 틱톡샵에서 제공하는 틱톡은 자신만의 브랜드로 상품을 판매하는 전자상거래 플랫폼으로, 2017년 11월부터 한국 서비스를 시작했다. 틱톡코리아는 2023년 틱톡샵 상표를 출원하고 대규모로 인원을 채용하고 있다. 틱톡샵이 한국 시장에 출범함과 동시에 국내 틱톡 이용자 1,000만 명이 잠재적 구매자가 될 뿐만 아니라, 이용자 대부분이 MZ세대라는 점도 미래의 고객을 확보한다는 면에서 틱톡샵에게는 커다란 장점으로 작용한다.

틱톡샵의 국내 상륙에 대해 우려하는 점 중의 하나는 틱톡이 가진 거대 중국 자본의 유입이다. 틱톡과 같은 라이브 커머스는 초기 비용이 많이 투입된다. 배달의 민족도 사업 출범한 지 2년 5개월 만에 수익성이 악화돼 라이브 커머스 사업에서 철수한 바 있다.

이렇게 중국 이커머스들이 대거 한국 시장을 공략하는 이유는 한국이 매우 중요한 테스트 마켓이기 때문이다. 한국 시장에서 일단 성공을 하면 K콘텐츠와 소셜미디어의 영향력을 바탕으로 동남아 시장에서 성공할 가능성이 높아진다. 글로벌 이커머스 시장에서 이제 한국은 매우 중요한 시장으로 자리 잡았다.

작년부터 하이브가 주최한 글로벌 음악 축제 '위버스콘 페스티벌'에 알리익스프레스가 공식 후원사로 참여한 것도 K콘텐츠의 영향력을 바탕으로 동남아 시장으로 확장하기 위한 전략적 접근이다. 위버스콘 페스티벌은 하이브가 음악을 장르와 세대를 초월하는 통합의 장이자 새로운 팬 경험의 장으로 만들기 위해 준비한 음악 축제이기 때문이다.

이 외에도 알리익스프레스는 한국 이커머스 시장 점유율을 확대하기 위해 다양한 마케팅 활동을 진행하고 있다. 2024년에는 강원 동계 청소년 올림픽 공식 파트너사로 참여하며 대회 공식 라이선스 상품을 독점 판매하고 기술을 지원하는 등의 방식으로 후원한다는 방침을 내세운다. 알리익스프레스는 한류 이미지와 스포츠 마케팅을 통해 국내 MZ세대 사용자 수를 확대해 나가고 이를 바탕으로 동남아 시장으로 영향력을 더욱 확대해 나갈 것으로 보인다.

# 네 마리 용은 어떻게 빠르게
# 세계를 사로잡을 수 있었을까

중국 해외 직구 플랫폼이 글로벌 시장뿐만 아니라 국내 시장에서도 급속히 성장하게 된 배경은 초저가·물류 배송·지리적 근접성·무료 반품·결제 간편화의 경쟁력과 한국 유통 구조의 폐단과 시장 맞춤형 전략이 더해진 결과다. 이 중에서 네 마리 용의 빠른 성장 배경은 4가지로 나누어 볼 수 있다.

### 첫째, 고물가·고금리·고환율 시대를 파고든 초저가 정책

초저가와 막강한 가성비를 앞세운 제품으로 소비층, 특히 10~20대 젊은 세대와 40~50대 남성 소비층을 파고든 결과다. 2023년 상반기 필자가 미국 대학의 교환 교수로 재직했을 당시, 그 시절에 만난 여대생들의 스마트폰에는 대부분 쉬인과 테무 쇼핑 앱이 깔려 있었고, 그들이 입고 있는 패션 의류 대부분은 쉬인 구매 앱을 통해 구입한 것이었다. "단지 100달러로 다른 디자인의 청바지 3벌과 후드티 2벌, 티셔츠, 패션모자 등 다양한 제품을 구매할 수 있고, 품질도 이 정도면 쓸 만하다"는 것이 그들의 공통된 의견이었다.

고물가 시대에 초저가 정책, 물량 공세와 함께 제공되는 끊임없는 할인 쿠폰은 전 세계 소비자들의 구매욕을 자극하고 있다. 3고 시대 (고물가·고금리·고환율)의 소비자 심리를 계속 파고드는 것이다.

또한 소비자 입장에서 볼 때 '어디서 사든 결국 메이드 인 차이나'

라는 인식은 이들 플랫폼의 제품을 더욱 매력적으로 만든다. 국내 오픈마켓에 입점해 있는 패션 의류·생활 용품·공산품 대부분은 국내 셀러가 중국에서 사입해 커미션을 포함하여 판매하는 것이 전통적인 구조였다. 하지만 소비자 입장에서는 결국은 '메이드 인 차이나'이기 때문에 직구 사이트에서 사는 게 이익이라고 생각하게 되었다.

예를 들어, 후드티가 국내 오픈마켓에서 2만 원에 판매된다면 똑같은 제품을 알리익스플레스에서 5,000원에 구매할 수 있다는 의미다. 중간 유통 과정이 사라지면서 가격 거품이 빠진 것이다. 공산품 같은 경우, 우리와 중국이 밀접한 구조 속에 있다는 사실을 이제 소비자들도 인식하게 되었다. 여기에 무료 배송과 결제 간편화가 뒤따르면서 시장 장악 속도가 가속화되고 있다.

## 둘째, 플랫폼이 모든 것을 대행해 주는 '일괄위탁운영관리 시스템'

중소기업 셀러를 위한 이른바 '일괄위탁운영관리 시스템'이 성공적으로 정착된 결과다. 지금까지 국내 업체의 판매 방식은 공산품을 다량으로 구매를 해서 국내 소비자에게 맞게 다시 플랫폼에 얹히고, 그것을 다시 되파는 형식이었다. 구매 대행이라고도 한다. 그런데 중국은 생산자와 해외 소비자를 직접 연결하는 방식, 즉, 플랫폼이 모든 것을 대행해 주는 방식인 '일괄위탁운영관리 시스템', 쉽게 설명하면 '완전위탁방식'을 운영한다.

'일괄위탁운영관리 시스템(全托管)'이란 계약 이행·창고·결제·유입량·물류 배송·반품·AS 등의 모든 판매 프로세스를 콰징 플랫폼 기업들이 직접 관리하고 운영하는 시스템을 의미한다. 중소 셀러들이 해결하기 어려운 일련의 모든 단계를 중국 콰징 플랫폼들이 대행해서 진행하기 때문에 중소 셀러들은 충분한 물품 공급원을 확보해서 창고까지 입고만 시켜주면 되는 것이다. 이러한 일괄위탁운영관리 시스템을 통하게 되면 공급망을 최적화해 구매 조달·보관·물류비 등의 원가를 절감할 수 있기 때문에 이윤을 제고할 수 있다. 또한 안정적인 공급망을 확보함으로써 셀러와 플랫폼들은 시장 수요를 예측할 수 있게 되고, 물품 공급 부족 방지와 매출액 제고 효과가 나타난다.

일괄위탁운영관리 시스템은 아마존이 운영하는 셀링 시스템과 비교했을 때 중소 셀러 입장에서 훨씬 편하게 운영할 수 있다는 장점이 있다. 아마존에 셀러로 입점한 경우, 판매자 센트럴(Seller Central)과 벤더 센트럴(Vender central)로 구분된다. 판매자 센트럴의 경우 셀러가 직접 제품의 재고·출고 등을 관리해야 하고, 브랜드를 등록하지 않을 경우 다른 셀러가 함께 리스팅해 팔 수도 있다. 벤더 센트럴의 경우는 아마존이 도매로 대량 사입해 판매하는 장점도 있지만, 플랫폼의 초청으로만 가입이 가능하다. 일반적으로 유명한 대형 브랜드가 여기에 해당된다.

또한 아마존에 입점하려면 일정 금액의 플랫폼 사용료와 일정 비율의 판매 수수료를 내야 하지만, 알리익스프레스는 입점 비용을 내지 않고 단지 일정 금액의 수속 비용만 지불하면 된다. 한편, AI와 거래 데이터에 근거해 판매량이 높은 제품을 중심으로 2024년부터 '반

## 전통 방식과 완전위탁방식의 차이

| | 상품 선정 | 상품 준비 | 가격 선정 | 외국어 번역 | 마케팅 | 거래 | 창고 | 물류 | AS | 결산 |
|---|---|---|---|---|---|---|---|---|---|---|
| 전통 방식 | 플랫폼 | 셀러 | 셀러 | 셀러 | 셀러 | 셀러 | 셀러 | 셀러 | 셀러 | 플랫폼 |
| 완전 위탁 방식 | 플랫폼 | 셀러 | 플랫폼 | 플랫폼 | 플랫폼 | 플랫폼 | 플랫폼 | 플랫폼 | 플랫폼 | 플랫폼 |

## 알테쉬톡의 완전위탁방식 비교

| 플랫폼 명칭 | 장점 | 상품 선정 | 매출 정산 | 품질 관리 | 상품 준비 | 가격 결정 | 물류 | A/S |
|---|---|---|---|---|---|---|---|---|
| 알리 | 막강한 물류 인프라 | 플랫폼 직접 선정 | 제품 발송 후 10일 | 셀러 | 셀러 | 협의 | 플랫폼 (자체 물류, 5일 배송) | 플랫폼 |
| 테무 | 초저가 고객 확장성 | 플랫폼 직접 선정 | 8-15일 | 셀러 | 셀러 | 플랫폼 | 플랫폼 (제3자 물류) | 플랫폼 |
| 쉬인 | 자체 공급망 | 플랫폼 직접 선정 | 7-30일 | 플랫폼 | 플랫폼/ 셀러 | 플랫폼 | 플랫폼 (제3자 물류) | 플랫폼 |
| 틱톡샵 | 숏폼 | 창작자+ 플랫폼 | 정기 (매월 1일, 16일) | 셀러 | 셀러 | 협의 | 플랫폼 (제3자 물류) | 플랫폼 |

## 완전위탁방식과 반완전위탁방식, 제3자 플랫폼운영방식 비교

| | 완전위탁방식 | 반완전위탁방식 | 제3자 플랫폼운영방식 |
|---|---|---|---|
| 판매자 유형 | 제조공장, 브랜드사 | 해외 직구 경험이 있는 판매자, 신제품 판매자 | |
| 가격 결정권 | 플랫폼 | 플랫폼/판매자 | 판매자 |
| 가격 | 도매 가격 | 도매 가격/판매자 가격 결정 | 판매자 가격 결정 |
| 물품 배송 출발 | 중국에서 물품 선적 | 해외 창고에서 물품 배송 | |
| 물류 흐름 | 판매자가 중국 내 집하장으로 배송 | 판매자가 해외 창고로 배송 | |
| 배송 흐름 | 플랫폼이 직접 소비자에게 배송 | 플랫폼/판매자가 소비자에게 배송 | 판매자가 소비자에게 직접 배송 |
| 판매 운영 | 플랫폼 | 플랫폼/플랫폼과 협업 | 판매자 |
| 수수료 | 없음 | 없음 | 있음 |
| AS | 플랫폼 | 플랫폼/플랫폼과 협업 | 판매자 |

## 알리익스프레스, 알리바바닷컴, 테무의 반완전위탁방식 비교

| | 알리익스프레스 | 알리바바닷컴 | 테무 |
|---|---|---|---|
| 운영 시기 | 2023년 8월부터 시행 2024년 1월부터 전면 시행 | 2024년 1월 5일부터 시행 | 2024년 3월부터 미국, 유럽에서 시행 |
| 비즈니스 모델 | B2C | B2B | B2C |
| 적용 판매자 | 해외 창고에 재고 물품이 있는 판매자 | | |
| 가격 메커니즘 | 판매자가 가격 결정 | | 플랫폼 가격 결정 |
| 물류 | 플랫폼이 책임 | | 판매자가 해외에서 자체 배송 |
| AS | 플랫폼이 책임 | | 판매자가 책임지고 플랫폼 고객 관리 센터가 지원하는 형태 |

완전위탁방식'의 시스템으로 전환되고 있다. 알리익스프레스는 2023년 8월부터 시범적으로 반완전위탁방식을 도입했고, 2024년 1월부터 판매 데이터를 근거로 반완전위탁방식을 전면적으로 운영하고 있다. 테무도 2024년 3월부터 미국 및 유럽 시장을 중심으로 반완전위탁방식을 부분적으로 도입해 운영하고 있다.

글로벌 소비 유통 시장을 두고 아마존과 중국 네 마리 용 간에 치열한 각축전이 벌어질 것으로 전망된다. 알리익스프레스·쉬인·테무 3인방이 한국 이커머스 시장에 진입한 상태에서 흥미 커머스의 절대 강자이자 '1030 놀이터'인 틱톡샵의 한국 진출도 초읽기에 들어가 있어, 이커머스 생태계의 새로운 변화와 진화 속에서 한·중간 이커머스 시장을 두고 총성 없는 전쟁이 시작된 것이다.

## 셋째, 돈을 불 지르는 대대적인 마케팅 전략

중국에서 그들은 일명 '사우첸(烧钱)'이라 불리는 마케팅 전략을 펼친다. 사우첸은 '돈을 태운다' '돈을 불지른다'는 뜻이다. 이것은 전통적인 중국의 비즈니스 방식으로, 경쟁 업체를 광고비로 따돌려서 죽이기 위해서 일단 지르고 보는 것이다. 이른바 전형적인 파괴적 혁신(disruptive innovation)을 통해 글로벌 시장을 잠식하고 있는 것이다.

파괴적 혁신은 단순하고 저렴한 제품 또는 서비스로 시장 밑바닥을 공략해 기존 시장을 파괴하고 시장을 장악하는 혁신을 말한다. 과거 알리바바, 텐센트, 화웨이, 샤오미 등 중국의 대표적인 혁신 기업들이 바로 '혁신 시장의 파괴자'로 등장하면서 중국 내수 시장을 기반으로 성장해 글로벌 시장으로 성장한 기업들이다.

중국에서 일어나고 있는 파괴적 혁신은 초기에는 간단한 모바일 애플리케이션으로 중국 시장에서 뿌리를 내리고 끈질기게 시장을 잠식한 후, 점차 새로운 시장을 창출하거나 기존 시장을 재편함으로써 글로벌로 확장해 나가고 결국에는 기존 선진 경쟁자를 물리치는 과정이다. 이러한 파괴적 혁신이 네 마리 용이라는 중국 직구 플랫폼에 의해 재구성되면서 급속히 성장하고 있는 것이다.

아마존, 쿠팡 등 기존 기업이 간과했던 시장 밑바닥의 수요와 글로벌 인플레이션이 심화되면서 알리익스프레스, 쉬인, 테무 등 파괴적 혁신 기업이 글로벌 시장에 진입했고, 적당한 수준의 기능을 저렴하게 공급하면서 막대한 자금력으로 디지털 마케팅을 하는 것이다. 이렇게 글로벌 시장의 점유율을 높인 다음, 소비자들을 록인(Lock-in)시키기 위해 제품을 다양화·현지화하여 시장을 장악하는 전략을 쓴다.

세계에서 가장 비싼 광고를 송출하는 미국의 슈퍼볼은 매년 경기 때마다 올해는 누가 가장 비싼 광고를 지불했는지가 하나의 관전 포인트가 된다. 2024년의 주인공은 바로 테무였다. 30초당 약 700만 달러, 우리 돈으로 환산하면 약 93억 원 정도의 광고를 무려 6번 내보내면서 슈퍼볼 경기에서 1회에만 558억을 광고비로 지출했다. 이 광고로 경기 당일 테무의 미국 내 검색량이 1,139% 폭증했다.

이즈음 메타 매출이 급격히 상승하면서 마크 저커버그의 자산 가치가 37조 원 늘었다고 하는데, 사실 이 매출 상승에 가장 큰 영향을 미친 것은 바로 테무와 쉬인이다.

## 2023년 중국 이커머스 디지털 광고비

**쉬인**
10억 달러
1조 355억 원

**알리
익스프레스**
12억 5,962만 달러
1조 6,816억 원

**테무**
17억 달러
약 2조 2,698억 원

국내에서도 이런 현상을 볼 수 있다. 알리익스프레스 같은 경우 신뢰도가 높은 연예인을 지속적으로 광고에 노출시키는가 하면, 테무는 현재 국내 공중파 예능프로그램의 PPL까지 나오고 있다. 소비자 입장에서 볼 때 그동안 중국 직구라고 하면 신뢰도가 떨어졌는데, 위와 같은 방법들을 통해 어느새 소비자들의 마음은 조금씩 움직이게 된다. 게다가 무료로 드론을 주고 백팩을 주는 등의 물량 공세는 소비자 입장에서는 나쁠 리가 없다. 결국 소비자들은 페이스북에 지속적으로 뜨는 이들의 광고를 클릭하게 되고 가입하게 된다.

이렇게 2023년 중국 플랫폼이 쏟아부은 디지털 광고비만 해도 테무가 17억 달러(약 2조 2,698억 원), 알리익스프레스와 쉬인도 각각 12억 5,962만 달러(약 1조 6,816억 원), 10억 달러(약 1조 355억 원)에 이른다.

## 넷째, 엔터테인먼트와 쇼핑을 한 번에! 흥미(fun) 커머스 트렌드

쇼핑을 하나의 재미있는 활동으로 전환시키는, 즉 엔터테인먼트와 쇼핑을 함께하는 '흥미(fun) 커머스'는 이커머스 시장의 대세 트렌드가 되고 있다. 특히 젊은 층의 큰 호응을 얻으며 소비를 자극하고 있다.

흥미 커머스의 대표 주자는 단연 틱톡샵이다. 소비자는 재미있는 틱톡의 짧은 영상 콘텐츠 피드를 스크롤하다가 마음에 드는 제품이 나오면 앱을 종료하지 않고 간편하게 바로 결제·구매할 수 있다.

틱톡의 영상 노출 알고리즘은 '좋아요'·댓글·팔로우하는 계정 등의 상호작용 정보와 해시태그·캡션·사운드·비디오 조회수 등의 비디오 정보, 언어 기기 및 계정 설정 등 사용자 정보 등의 요소들이 합쳐지면서 만들어진다. 틱톡 고유의 영상·소비 알고리즘을 통해 소비자의 관심 콘텐츠에 맞게 피드를 설정하고, 지속적으로 재미를 제공하면서 쇼핑을 유도하는 방식이다. 테무 같은 경우는 '맞추천'을 하면서 자기 크레딧을 더 쌓을 수 있고 이것으로 물건도 살 수 있다.

틱톡샵은 쇼핑(shopping)과 엔터테인먼트(entertainment)를 합친 쇼퍼테인먼트의 중심에 자리잡고 있다. 재미와 흥미에 쇼핑이 더해지면서 글로벌 이커머스의 패러다임이 변화하고 있다.

콘텐츠의 변화는 4단계로 구분된다. 1단계는 오프라인 신문, 잡지 등 인쇄 매체를 통해 진행되는 일방향 지식 전달의 시대였다. 2단계는 구글·바이두·네이버 등 검색 엔진이 주도하는 지식 공유의 시대였고, 3단계는 페이스북과 같은 지인 네트워크 기반의 소셜 시대였다. 그러나 현재는 틱톡·콰이쇼우·인스타그램의 릴스, 유튜브의 쇼츠와

## 아시아 태평양 지역, 쇼퍼테인먼트 시장의 기회

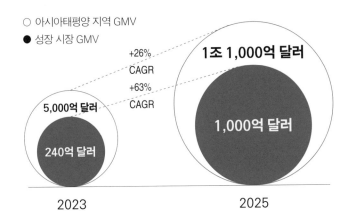

○ 아시아태평양 지역 GMV
● 성장 시장 GMV

+26%
CAGR

+63%
CAGR

1조 1,000억 달러

5,000억 달러

1,000억 달러

240억 달러

2023

2025

- **GMV(Gross Merchandise Volume):** 전자상거래 업체에서 주어진 기간 동안 이뤄낸 총 매출액
- **CAGR(Compound Annual Growth Rate):** 연평균 성장률

## 성장 시장

| 인도네시아 | 일본 | 한국 | 태국 | 호주 | 베트남 | 필리핀 |
|:---:|:---:|:---:|:---:|:---:|:---:|:---:|
| 25% | 21% | 20% | 12% | 11% | 8% | 3% |

출처: 〈2024 글로벌 이커머스 포럼, 틱톡 글로벌 쇼퍼테인먼트 디지털 콘텐츠의 변화〉
발제 자료 참조

같은 콘텐츠의 시대에 이르렀다.


## 중국 이커머스는
## 어떻게 성장했는가

중국 이커머스 성장과 발전은 2003년 C2C(Customer to Customer) 모델인 알리바바의 타오바오에서 출발한다. 이로부터 지난 20년간 중국 이커머스는 지속적으로 진화하며, B2C 모델의 이커머스 2.0시대, 소셜 커머스가 주도하는 이커머스 3.0시대, 그리고 틱톡과 콰이쇼우의 숏폼에 기반한 라이브 커머스 4.0시대로 이어진다. 특히 콘텐츠와 이커머스의 공생 모드인 '훙미 커머스'는 중국 이커머스 시장을 넘어 글로벌 이커머스의 대세 트렌드로 자리 잡고 있다.

과거에는 소비자가 한 번에 하나의 고정된 장소에서 보이는 상품을 선택했다면, 신유통의 4.0 소비 행태는 소비자가 시간과 장소에 구애받지 않는 소비 환경에 노출되어 있다고 할 수 있다. 기업들은 소비자의 수요 데이터를 중심으로 커스터마이즈된 상품을 생산하고, 소비자는 각 소비 과정에서 체험과 서비스를 중시한다.

특히 2009년부터 시작된 이커머스 2.0시대는 알리바바의 광군제라는 쇼핑 축제를 만들면서 급격한 성장을 하게 되었다. 현재 중국에서는 11월 11일을 '꽝꾼절(혹은 쏴앙스이)'이라 부른다. 독신절(솔로데이), 싱글데이라고도 하는데, '꽝꾼'은 중국어로 홀아비나 독신남, 또

## 중국 이커머스 20년 성장과 변화

| | 2003 | 2009 | 2015 | 2019 | 2024 |
|---|---|---|---|---|---|
| | **C2C** | **B2C** | **소셜 이커머스** | **라이브 이커머스** | |
| **품목 진화** | 책, 가공 식품, 패션, 중고품 등 객단가 낮은 상품 | 디지털, 생활잡화, 화장품 등 기존 유통 대비 저렴한 상품 | 화장품, 주얼리, 농산물, 가구 등 콘텐츠에 유리한 제품 | 성분, 기능, B&A 등을 흥미로 풀어 낼 수 있는 콘셉트형 고가 제품 | |
| **소비자 진화** | 쇼핑의 구두쇠 (70년대생 위주) | 알뜰족 (80년대생 위주) | 80년대, 90년대생 | 스마트족 (95년대생 위주) | |
| **환경 진화** | PC시대 | PC시대 | 위챗과 위챗페이의 보급 | 틱톡, 콰이쇼우의 시작 | |
| **기술력 진화** | 기초 통신 기술 | 스마트폰, 3G기술의 보급 | 4G, LBS기술 성숙, 콜드 체인 | 빅데이터, AI 기술 | |

출처: (사)한중연합회 산하 중국경영연구소 차이나세미나 자료

는 애인이 없는 사람을 뜻한다. 쉽게 말해 우리의 빼빼로 데이와 비슷한 날이라고 볼 수 있다.

꽝꾼절의 유래는 1993년으로 거슬러 올라간다. 중국 장쑤성 난징대학의 '꽝꾼'이라고 불리는 중국 대학생이 솔로들에게 소개팅을 주선하는 행사를 하면서 캠퍼스 안에서 처음 시작되었고, 이것이 다른 대학으로 조금씩 퍼져 나가면서 전국적으로 유행하기 시작했다. 젊은 층의 소개팅과 파티, 선물 교환 등이 이날의 주요 이슈로 자리 잡게 되면서 일종의 젊은이 축제로 점차 자리 잡게 되었다.

대학 캠퍼스 소개팅 이벤트에서 힌트를 얻은 알리바바그룹이 2009년

꽝꾼절을 맞아 자회사인 타오바오 몰을 통해 독신자를 위한 대대적 할인 행사를 시작하면서 꽝꾼절을 중국 최대 쇼핑 축제로 탈바꿈시키는 데 큰 몫을 했다. 이로써 꽝꾼절은 2010년대 초기 중국 전자상거래 비즈니스의 날이자 중국 내 가장 큰 상업적 이벤트로 자리 잡았고, 2019년부터 본격적인 글로벌 쇼핑 축제로 자리매김하게 되었다.

중국이 글로벌 이커머스 시장에서 급성장한 배경은 다음 4가지 요인으로 귀결된다.

① 소비 형태의 변화

중국인의 소득이 증가하고 그동안 억눌려 있었던 소비 욕구가 서구적 생활 패턴으로 전환되면서 소비 형태가 폭발적으로 변화했다. 더불어 필수 물품이나 인기 있는 물건들을 할인된 가격으로 한 번에 구입할 수 있는 대대적인 인터넷 쇼핑 행사들이 출현하기 시작했다.

② 정부 주도의 소비 주도형 발전 전략

- 90년대 초반 수출 및 투자 주도형 발전 모델로 시작한 중국은 이제 14억의 내수 시장을 바탕으로 한 소비 주도형 발전 모델로 전환하고 있다.

- 미국 및 서방의 제재, 글로벌 지정학적·지경학적 요인으로 인한 수출 하락 속에서 콰징 수출(해외 직구)이 급속히 증가하며 중국 경제를 지탱하고 있다.

- 2023년 중국 수출 증가율이 전년 대비 0.6% 증가한 이유도

네 마리 용에 의한 국경 간 전자상거래(해외 직구)가 급격히 증가했기 때문이다.

- 2023년 국경 간 전자상거래 규모가 원화로 약 440조 원인데, 이중 수출이 339조 원(전년 대비 19.6% 증가), 수입은 약 101조 원(전년 대비 3.9% 증가)에 불과하다.

③ 디지털 경제의 급속한 성장
- 2023년 중국 GDP에서 디지털 경제 비중이 40% 초과했다.
- 2023년 인터넷 보급률 77.5%, 네티즌 수 10.92억 명으로 그중 스마트폰, 인터넷 이용자 수가 10.91억 명이었다.

④ 디지털 위안화, 알리페이, 위챗페이 등 지불 결제 시스템의 급속한 확산
- 2023년 6월 기준, 개설된 디지털 위안화 지갑 수가 2억 1천만 개, 기업 디지털 위안화 지갑 1,200만 개, 누계 거래 건수는 2억 8,000만 건, 거래 금액 1,100억 위안(약 20조 4,000억 원).
- 위챗 월간 활성 사용자 수가 13억 4,000만 명.
- 알리페이 월간 활성 사용자 수가 10억 5,000만 명.

한편, 중국의 국경 간 전자상거래 발전 역사를 살펴보면 지난 1992년부터 2023년까지 31년간 많은 변화와 성장을 거쳐 발전해 왔다. 3단계 발전 과정으로 구분하여 설명할 수 있다.

1단계는 국경 간 전자상거래의 초기(1992~2012년)로 전통적인 일반 무역의 온라인화 단계로 B2B 형태가 주도하는 시기였다. 기업 검색(黄页) 중심의 홈페이지를 구축해 기업과 연결시켜 주는 형태였다. 온라인상에 제품 홍보 사진를 싣고 설명했으며, 직접 거래는 오프라인으로 진행되는 방식이었다.

초기 플랫폼은 등록 회원 비용과 광고비를 통해 수익을 버는 구조였으나, 인터넷과 통신 네트워크 기술 발달과 정보화 시대에 접어들면서 국경 간 전자상거래의 지불, 물류 등 오프라인 시스템이 갖춰지면서 디지털 무역을 통한 수익을 추구하는 방식으로 전환되었다. 거래선 발굴부터 상담, 계약, 운송, 결제, 통관에 이르기까지 중국 B2B 플랫폼들이 서비스를 제공하기 시작했다. 1단계 시기 중국의 대표적 글로벌 B2B 플랫폼은 알리바바닷컴, HC360(慧聪网), 중국제조망(www.made-in-china.com) 등이 대표적이다. 이들은 중국 내 대외 무역 기업과 해외 수입 무역 업자와 도매상을 연결시키며 메이드 인 차이나의 해외 수출 확대에 중요한 역할을 했다.

2단계는 국경 간 전자상거래 성장기(2013~2019년)로 아마존, 이베이 등이 중국 내수 시장으로 점차 진출하면서 중국 국경 간 전자상거래의 B2C 생태계가 구축되는 시기였다. 대리 판매 형태의 B2C 커머스가 본격화되었고, 치열한 B2B 플랫폼 간 경쟁이 진행되었으며, 알리익스프레스 등 다양한 중국 글로벌 이커머스 플랫폼이 생겨나기 시작했다. 중국 판매자들의 아마존 입점이 확대되던 시기로, 2018년 당시 아마존에 입점해 있는 전체 셀러 중 중국 판매자가 40% 이상이었고, 아마존 총 GMV의 20% 이상이 중국산 제품이 차지할 정도였다.

3단계는 국경 간 전자상거래 성숙기(2020~현재까지)로 중국 국경 간 전자상거래 공급망이 구축되는 시기다. 네 마리 용이 본격적으로 글로벌 시장으로 진출하고 있다. 기존 B2C 비즈니스 모델에서 벗어난 알테쉬톡의 완전위탁방식으로 플랫폼의 역할과 기능을 확대되기 시작했다. 중간 유통 단계를 없애고 제조 공장과 해외 소비자를 바로 연결시키면서 가성비 좋은 메이드 인 차이나를 전 세계로 판매하기 시작한 것이다.

## 네 마리 용의 끝이 보이지 않는 출혈 경쟁과 충돌

알테쉬톡 중 저가 경쟁에서 테무를 이길 플랫폼은 없다. '사우첸' 마케팅 전략의 최강자가 바로 테무인 것이다. 테무는 초기 적자 경영을 감내하면서 빠르게 소비자를 유입시키고 있고, 점차 글로벌 영향력을 확대해 나간다.

적자임에도 불구하고 테무가 공격적으로 나서는 이유는 매출을 올려 뉴욕 증시에 상장한 주가를 올리기 위해서이기도 하지만, 또 다른 이유는 앞서 말한 것처럼 경쟁자들을 죽이기 위해서다. 출혈 경쟁이 끝나고 나면 그 다음부터는 자기 마음대로 할 수 있다는 것이다. 수수료도 받고 소비자를 록인시키는 것이다. 그에 따라 중국 플랫폼 간 치열한 경쟁이 벌어지고 있다.

특히 테무와 쉬인의 출혈 경쟁과 소송은 계속 이어지고 있고, 알리익스프레스와 테무도 보이지 않는 경쟁자라 마찬가지의 모습을 보인다. 물론 알리익스프레스는 테무처럼 하지는 않을 것이다. 알리익스프레스는 자신이 가진 물류의 장점, 그것을 최적화해서 가격을 가능한 한 낮추려고 할 것이다. 그러나 테무의 공격이 심각해지면 알리익스프레스도 테무를 소송할 수밖에 없을 것이다. 하지만 문제가 생긴다 하더라도 중국 정부가 중재에 나설 것이다. 그 이유는 가장 중요한건 네 마리 용이 중국 수출에 절대적인 공헌을 하고 있기 때문이다.

말도 안 되는 가격으로 밀어붙이는 테무의 공격은 멈추지 않을 것이고, 아무리 테무가 그렇게 공격을 쏟아붓는다 하더라도 중국 직구 플랫폼의 절대 강자인 알리익스프레스는 죽지 않을 것이다.

틱톡샵은 또 다른 스토리의 비즈니스 방식을 갖고 있으며, 쉬인은 미국에 특화되어 있다는 강점을 갖고 있어 미국 시장을 놓고 테무와 싸움을 지속할 것이다. 이런 보이지 않는 출혈 경쟁 속에서 한국의 유통과 제조를 포함한 산업 생태계는 지금 백척간두에 놓인 셈이다.


## 미국 주도의 이커머스 시장에 중국이 등장하게 된 배경

미국 아마존은 지금으로부터 30년 전인 1994년에 등장했다. 그 이듬해인 1995년에는 이베이가 설립되었다. 그 후 이 두 빅테크 기업이 경쟁을 하고 닷컴 버블을 거치면서 전자상거래는 전 세계적으로 빠르게 확산되었다. 이베이에 인수된 한국의 옥션이 설립된 것도 1997년이다.

그 무렵인 중국은 세계의 공장이 되면서 전통 제조업 외의 신산업 육성 정책을 발표했고, 이후 중국의 IT산업은 고도 성장을 하게 되었다. 중국의 IT산업을 얘기할 때 빼놓을 수 없는 것이 알리바바의 등장이다. 알리바바는 1999년 영어 강사 출신 마윈이 개설한, 중국 제조 업체와 해외 구매자를 위한 기업 대 기업(B2B) 사이트 '알리바바닷컴'으로 시작되었으며, 2015년 꽝꾼절에 매출 신기록을 세우면서 세계에 그 존재감을 널리 알렸다. 당시 912억 위안, 우리 돈으로 16조 5,000억 원이 팔려나갔다는 소식이 알려지면서 꽝꾼절 세일 행사에 전 세계가 참여하기 시작했고 급기야 미국의 블랙프라이데이를 앞서기에 이르렀다.

'피크차이나'라는 용어가 나올 만큼 중국 경제의 성장 속도가 예전보다 둔화되었다. 최근의 중국 경제를 지탱하는 것은 해외 직구 플랫폼 같은 디지털 경제다. 이 해외 직구 플랫폼들의 등장 배경에는 차이가 있다. 알리익스프레스와 나머지 플랫폼들 간의 등장 배경과 글로벌 성장 전략도 전혀 다르다. 2024년 창립 14주년에 되는 알리익스프레스의 세계화 확장 전략은 3단계로 나누어 진화했다고 볼 수 있다.

1단계는 중국 시진핑 주석의 일대일로 정책에 맞춰서 중앙아시아, 러시아, 스페인 쪽으로 성장을 하게 된다. 다음 2단계는 한국과 동남아시아이며 3단계는 북미 시장이다. 알리익스프레스는 현재 북미 시

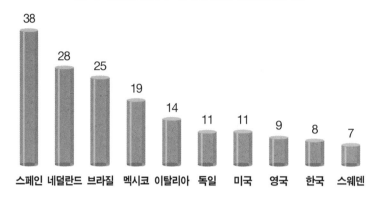

**알리익스프레스의 국가별 성장 비중**(단위: %)

| 스페인 | 네덜란드 | 브라질 | 멕시코 | 이탈리아 | 독일 | 미국 | 영국 | 한국 | 스웨덴 |
|---|---|---|---|---|---|---|---|---|---|
| 38 | 28 | 25 | 19 | 14 | 11 | 11 | 9 | 8 | 7 |

2022년 7월부터 2023년 6월까지 조사한 국가당 응답자 2,000~10,000명(18~64세)

장에 조심스럽게 접근하고 있는 상황이다.

알리익스프레스가 14년이 되었지만, 나머지 플랫폼들, 테무와 쉬인, 틱톡샵이 글로벌 성장을 이룬 지는 얼마 되지 않았다. 그러나 미국 시장으로의 진출은 다르다. 알리익스프레스는 미국에 조금 늦게 들어갔지만 테무와 쉬인은 태동 때부터 아예 미국 시장을 겨냥해서 만들어진 기업이다.

이들의 등장은 중국 경제와 밀접한 관계가 있다. 테무의 경우, 코로나 이후 공급 과잉으로 남아도는 많은 제품들을 비즈니스화하고자 했다. 모회사인 핀둬둬가 2018년부터 해왔던 C2M(소비자와 생산자 간 거래) 모델에, 가격을 엄청 낮추고 거기다가 보조금을 더 추가하면 지금과 같은 인플레이션 상황에서 분명히 글로벌 시장에 효과가 있을 것이라고 생각한 것이다. 중소 제조 공장들에게도 판매되지 못한 채 쌓아 두었던 제품을 처리할 수 있는 방법이 생긴 것이다.

특히 흥미로운 점은 이들이 지방 정부의 전폭적인 지지를 받고 있다는 점이다. 중국은 완전한 내수 국가지만, 이들 플랫폼을 통해 수출이 큰 폭으로 증가하고 있다. 정부와 지방 정부는 공장들과 플랫폼을 엮고 엄청난 우대 혜택을 제공하면서 실적 높이기에 안간힘을 쓰고 있다. 이들의 성과가 아니었다면 2023년의 중국 수출은 마이너스였을 만큼 이들의 역할은 지대했다.

그런 배경 속에서 제한된 자국 내 시장을 벗어나고 침체된 중국 소비를 극복하며 코로나로 인해 쌓인 재고를 어떻게든 처리할 것인가 등의 여러 고민이 합쳐져 이들이 등장하게 된 것이다.

특히 이들이 기존에 가지고 있는 엄청난 데이터는 성장에 불을 붙였다. 이 플랫폼들은 그냥 유통 플랫폼이 아니라 AI 및 빅데이터 기업들이다. 빅데이터·AI·사물인터넷·로봇 등을 움직이는 엄청나게 특화한 테크 기업이라는 점, 그리고 이들이 가진 구매 및 검색 알고리즘, 그동안 핀둬둬, 쉬인, 알리바바그룹이 축적해 온 이커머스 첨단 시스템, 비즈니스 모델과 데이터가 합쳐지면서 글로벌 이커머스에서의 영향력은 더욱 커져 갈 것으로 전망된다.

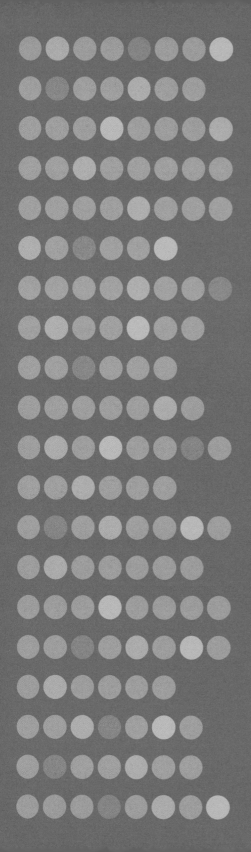

★ ★ ★

# 2장

# 네 마리 용의 공습,
# 그들의 전략과 핵심 무기는
# 무엇인가

# 빠른 용, 알리익스프레스 _
## 일대일로 전략과 글로벌 확장

'똑똑한 쇼핑, 더 나은 삶(Smarter Shopping, Better Living)'. 알리익스프레스의 슬로건이다. 글로벌 소비자들이 알리익스프레스를 통해 똑똑하고 합리적으로 쇼핑을 즐길 수 있게 하겠다는 의미다. 알리익스프레스는 2010년 4월 알리바바 본사가 있는 항저우에 설립된 중국 최대의 해외 판매 전문 글로벌 이커머스 플랫폼이다. 현재 영어·스페인어·한국어 등 18개 언어로 구축돼 전 세계 200여 국가와 지역에서 제품을 판매하고 있다.

알리익스프레스는 초기 1688닷컴과 함께 B2B 중심의 온라인 무역 플랫폼으로 출발했지만, 2012년부터는 해외 소비자들에게 직접 판매하는 B2C 소매 콰징 플랫폼으로 성장했다. 그리고 2013년 시진핑의 일대일로 정책과 함께 정부의 직·간접적인 지원을 받으며 급격히 규모를 키워 왔다. 알리익스프레스의 해외 구매자 수가 2013년 500만 명이었던 것이 2014년 1,000만 명, 2015년 5,000만 명, 2017년 1억 명, 2018년 1억 5,000만 명으로 증가했다.

2020년에는 코로나19가 전 세계로 퍼지면서 알리익스프레스 구매자 수가 급증하기 시작했다. 브라질을 중심으로 라틴 아메리카와 러시아의 수요가 증가하면서 구매자 수가 증가한 것이다. 2023년 초에는 한국 진출이 본격화되면서 한국 구매자 수도 급격히 증가했다.

## 1단계 _ 일대일로 연선국 중심의 성장과 확장

알리익스프레스의 세계화 확장 전략은 3단계로 나뉘어 진화했다고 볼 수 있다. 1단계는 일대일로 연선국 중심의 성장과 규모 확장이었다. 2019년 기준 알리익스프레스 플랫폼 해외 구매자의 약 58%가 러시아·스페인·이탈리아 등 일대일로 연선국들로, 주문량의 60%, 거래 금액의 50%가 이 국가들에서 발생했다.

특히 러시아의 매출 규모가 가장 큰 비중을 차지했다. 2020년 기준 월간 활성 사용자 수(MAU)가 약 3,000만 명으로 러시아인 5명 중 1명은 알리익스프레스를 이용했다. 그러나 2022년 2월 러시아-우크라이나 전쟁이 일어나면서 매출이 하락하고, 그에 따른 인원 감축 등 어려움을 겪었다.

그러나 알리익스프레스는 러시아 내 보세 창고 및 물류 창고 구축 등 막대한 자금을 투입했다. 다행히 안정적 환율 시세와 면세 정책에 힘입어 다시 러시아 시장 매출이 증가하는 추세다. 특히, 1,000유로(약

1,000달러)의 면세 정책이 매출 성장에 결정적 역할을 했다. 2022년 알리익스프레스의 러시아 매출액이 562억 루블(약 6억 5,324만 달러)로 러시아 전체 이커머스 시장 매출액의 3분의 1 이상을 차지할 정도도 회복되고 있다.

구매 물품을 보면, 패션 의류, 신발류가 전체 매출의 28%를 차지하고 있다. 그 다음으로는 전자 제품(24%), 식품 및 개인 생활 용품(22%), 가구 및 가전(17%)을 차지하고 있다.

또 다른 국가가 바로 스페인으로 알리익스프레스가 가장 빠르게 시장을 장악한 국가 중 하나다. 2018년 기준 스페인 내 알리익스프레스 앱을 다운받아 등록된 인구가 약 780만 명으로, 스페인에서 가장 인기 있는 쇼핑 앱으로 성장했다. 2023년 9월 기준 알리익스프레스의 스페인 시장 침투율이 38%를 차지할 정도로 시장을 장악하고 있다.

최근에는 독일에서의 성장세도 무섭다. 소형가전, 컴퓨터, 스마트폰, 소비가전 등 중국산 제품이 독일을 중심으로 유럽 시장을 장악하며 빠르게 성장하고 있다. 알리익스프레스가 광둥성 선전의 ICT 산업 생태계를 구축하면서 생겨난 변화라고 볼 수 있다.

## 2단계 _ 한국 및 동남아 국가 등 주변 신흥 시장으로의 확장

2단계 전략으로 알리익스프레스는 신흥 시장 개척을 위해 홍콩 법인을 설립하고 이를 기반으로 2018년 한국에도 진출했다. 당시 큰 반향을 불러일으키지는 못했지만, 그러나 2020년 코로나19로 인해 전 세계 도시가 봉쇄되고 온라인 쇼핑이 보편화되면서 알리익스프레스도 빠르게 매출이 증가하며, 주변국 시장 침투가 본격화되었다.

알리익스프레스는 2022년 2월 광저우와 3월 푸젠성 샤먼에 셀러 운영서비스센터를 설립해 중국 내 초저가 다양한 제품 셀러와 직거래 방식의 '일괄위탁관리운영 시스템(완전위탁관리방식)'을 도입하며, 중국 중소 셀러들과의 협력을 확대하기 시작했다. 그리고 2023년 3월 1,000억 원 투자 계획을 발표하며 한국 시장 공략에 나섰다. 인기 영화배우 마동석 광고모델의 기용, 한국어 상담 서비스와 상상을 초월하는 초저가 가격 경쟁력을 바탕으로 급격히 성장했다.

2023년 6월에는 한국 시장을 위해 3만 평 규모의 산둥성 웨이하이와 옌타이에 한국행 전용 물품 창고를 구축하고, 5일 내 배송 보장 및 반품을 약속하면서 한국에서 시장 점유율을 높여 나가고 있다.

빅데이터 기업인 아이아이에이웍스(IGAW) 통계에 의하면, 2023년 11월 기준 알리익스프레스의 한국 내 월간 활성 사용자 수가 504만 명으로 연초 227만 명 대비 220% 증가했을 정도로 한국에서 빠르게 성장했다.

그리고 2024년 3월까지 활성 사용자 수가 900만 명을 넘어서면서 빠르게 한국 시장을 장악했다. 그러나 가품 논란, 지재권 침해, 유해물질 논란 등 이슈가 부각되면서 성장세가 주춤했다. 하지만 알리익스프레스의 공격적인 마케팅과 대대적인 할인 행사를 통해 다시 증가하기 시작했다. 와이즈앱 자료에 의하면, 2024년 6월 기준 836만 8,000여 명으로 전월 대비 0.8% 증가했다.

알리익스프레스가 한국 시장에 공을 들이는 이유는 3가지로 요약할 수 있다.

첫째, 한국의 이커머스 시장 거래 규모가 세계 5위를 차지할 정도로 지속적으로 성장하고 있다는 데 있다. 또한 전체 소매업 판매액 중 이커머스 매출액이 차지하는 비중을 나타내는 이커머스 침투율도 매우 높다는 것이다.

이마케터(eMarketer)와 통계청 자료를 참고하면, 2022년 기준 글로벌 이커머스 침투율의 경우 중국이 1위로 45.3%, 2위는 영국 35.9%, 3위가 한국으로 33.7%를 차지하고 있다. 향후 한국 이커머스가 성장할 가능성이 높다는 의미다. 그 밖에 4위 인도네시아(28.1%), 5위 싱가포르(17.2%), 6위 미국(15.0%), 7위 러시아(14.6%), 8위 캐나다(13.6%), 9위 일본(12.9%), 10위 멕시코(12.4%) 순이다.

둘째, 한국의 최적화된 물류 인프라를 활용할 수 있기 때문이다. 한국 시장을 넘어 한국을 경유해 제3국 시장으로 제품을 보낼 경우 물류 비용을 절감할 수 있는 장점이 있다. 중국과 지리적으로 근접하기 때문에 해상으로 제품을 한국으로 먼저 보내고, 그리고 한국에서 비행기로 북미 및 유럽 시장으로 보낼 경우 훨씬 경쟁력이 있다는 것이다.

알리익스프레스가 당면한 물류비 적자 부분을 해소하는 데 한국만큼 좋은 국가가 없다. 인천국제공항공사가 발표한 해상·환적 화물량 자료에 따르면, 해상을 통해 인천에 도착한 후 제3국으로 배송된 화물은 2022년 6만 8,870톤, 2023년에는 43.1% 증가한 9만 8,560톤으로 역대 최대 실적을 기록했다. 이 화물들의 출발지는 99.6%가 중국으로, 대부분 알리익스프레스와 테무 등의 물량이다. 알테쉬톡의 C-커머스(China E-Commerce)가 한국 시장에 공을 들이는 이유가 여기에 있다.

셋째, 동남아 시장에 불고 있는 한류의 장점을 최대한 활용하겠다는 뜻이다. K콘텐츠 기반의 제품은 이는 단순히 중국 제품을 넘어 한국 제품을 팔고 있는 K베뉴를 의미한다. 커져 가는 인도네시아, 싱가포르, 말레이시아 등 동남아 시장 진출의 교두보로 활용하기에 한국만큼 좋은 곳이 없을 것이다.

### 전 세계 전자상거래 규모

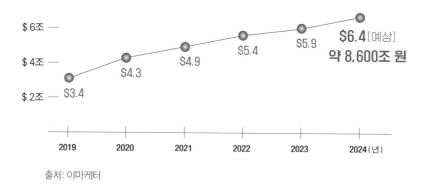

출처: 이마케터

## 2021년 이커머스 점유율 순위

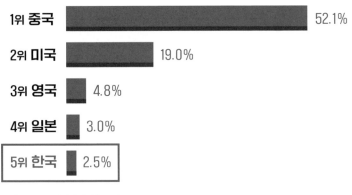

1위 중국      52.1%

2위 **미국**      19.0%

3위 **영국**      4.8%

4위 **일본**      3.0%

5위 **한국**      2.5%

출처: 중소벤처기업진흥공단

## 한국 이커머스 시장 규모

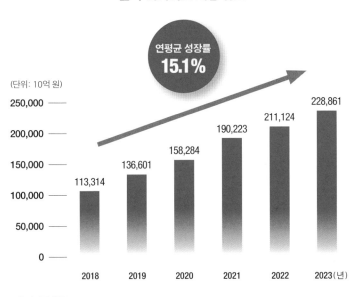

연평균 성장률
**15.1%**

(단위: 10억 원)

| 연도 | 시장 규모 |
|---|---|
| 2018 | 113,314 |
| 2019 | 136,601 |
| 2020 | 158,284 |
| 2021 | 190,223 |
| 2022 | 211,124 |
| 2023(년) | 228,861 |

출처: 통계청

### 2023년 글로벌 이커머스 시장 규모 순위

| | |
|---|---|
| 1위 중국 | 3,954.2조 원 |
| 2위 미국 | 1,521.6조 원 |
| 3위 영국 | 256.3조 원 |
| 4위 일본 | 252.9조 원 |
| 5위 한국 | 228.9조 원 |

출처: 통계청
주: 온라인 쇼핑 판매 매체별/상품군별 거래액 총액

### 알리익스프레스가 한국 사업을 확대하는 이유

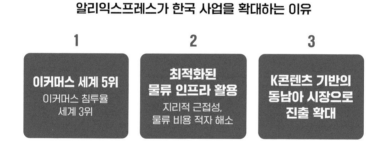

**1** 이커머스 세계 5위
이커머스 침투율 세계 3위

**2** 최적화된 물류 인프라 활용
지리적 근접성, 물류 비용 적자 해소

**3** K콘텐츠 기반의 동남아 시장으로 진출 확대

## 3단계 _ 미국과 중동 국가로의 확장

3단계 전략인 북미 시장 진출을 위해 알리익스프레스는 알리바바 택배 물류 자회사인 차이니아오(菜鸟)와 협력해 항저우··동관·산둥성 내 물류 창고 기능과 마케팅을 강화해 나가며 경쟁사인 테무나 쉬인을 뒤쫓고 있다. 차이니아오는 2013년에 설립된 스마트 물류 회사로 알리바바그룹 산하 B2C, B2B 이커머스 기업들의 물류를 책임지는 자회사다.

현재 알리익스프레스는 북미 시장 침투율에서 테무나 쉬인보다 떨어지는 형국이다. 데이터에이아이 자료에 의하면, 2023년 12월 한 달 아이폰(iOS) 글로벌 앱 사용 순위에서 아마존·쉬인·테무에 뒤처지는 것으로 조사되었다. 미국 내 온라인 쇼핑 인구가 약 2억 6,800만 명으로 소매 이커머스 시장 규모가 1조 달러에 이를 것으로 전망됨에 따라 알리익스프레스의 미국 시장 진출은 더욱 가속화될 것으로 전망된다.

알리익스프레스는 2024년부터 미국 내 지하철 및 옥외 광고를 통한 기업 홍보에 적극적으로 나서고 있다. 또한 PPC(Pay Per Click) 광고를 통해 미국 소비자의 유입량을 늘여간다는 전략이다. PPC 광고는 검색 엔진 결과 페이지나 웹사이트 상에 광고를 노출시키고, 사용자가 해당 광고를 클릭할 때만 비용을 지불하는 온라인 광고의 한 형태라고 볼 수 있다. 이와 함께, 미국 내 알리익스프레스 창고에서 미국 어디든 3~5일 내 도착하고, 중국 국내 특수 물류 창고에서는 10일 내 미국 소비자에게 배송한다는 전략을 쓰고 있다.

약 7,000만 명의 구매력 인구가 있는 사우디아라비아·이스라엘·아랍에미리트 3대 시장을 핵심으로 중동 시장을 확대해 나갔다. 그 결과 2023년 글로벌 쇼핑 앱 다운로드 순위에서 테무와 쉬인에 이어 빠르게 성장하고 있다. 특히 미국 내 월평균 방문량이 2,420만 명으로 전년 대비 290% 증가했다.

이스라엘-하마스 전쟁으로 인해 이스라엘 시장은 영향을 받게 된 반면, 사우디아라비아 사용자 수는 최근 들어 늘어나는 추세이기는 해도 여전히 쉬인, 테무에 비해 침투율은 떨어지는 편이다. 2023년 사우디아라비아 사용자 수는 전년 대비 약 80% 증가하는 추세로 이 커머스 침투율을 높여 나간다는 전략이다.

특히 중동 시장에서 자동차 및 오토바이 부품, 소형가전 매출 비중을 높여가고 있다. 이와 동시에 무슬림 지역의 특성을 고려해 의류, 가구, 뷰티 등 이슬람 종교 색채를 살린 제품 차별화 전략을 쓰고 있다.

15일 이상 소요되는 물류 배송 시간의 축소, 유입량을 확대하기 위한 막대한 자본의 마케팅 전략으로 알리익스프레스와 다른 세 업체, 즉 아마존과 쉬인, 테무와의 경쟁은 더욱 치열해질 것으로 전망된다.

현재 알리익스프레스에 입점해 있는 셀러는 이미 20만 개를 넘었으며 중소 제조 기업·대리 판매상·소규모 소매상·브랜드사 4가지 유형의 셀러가 제품을 팔고 있다. 1개 회사가 최대 6개 점포까지 개점할 수 있기 때문에 알리익스프레스에는 최대 120만 개가 훨씬 넘는 중국산 제품이 판매되고 있는 것이다.

### 3대 핵심 전략:
### 완전위탁관리방식, 고속 배송, 소비자 체험 소비

2023년 4월 광둥성 선전에서 개최된 '2023년 알리익스프레스 셀러 총회'에서 알리익스프레스는 3대 핵심 전략 방향을 소개한 바 있다. 3대 핵심 전략은 완전위탁관리방식(일괄위탁운영관리방식), 고속 배송, 소비자 체험 소비다.

간단히 살펴보자. 완전위탁관리방식의 시스템화 및 체계화가 첫 번째 전략 방향이다. 알리익스프레스에 입점할 때 셀러는 자기운영방식과 완전위탁관리방식 중 하나를 선택해서 점포를 관리할 수 있다. 최근 완전위탁관리방식을 선호하는 셀러가 늘어나면서 이를 더욱 체계적이고 셀러 친화적 방식으로 관리하겠다는 것이다.

알리익스프레스의 운영 방식은 플랫폼, 직영, 완전위탁관리, 반완전위탁관리, 해외위탁관리 등의 5가지로 구분된다. 그러나 글로벌 판매 경험이 없는 셀러들이 플랫폼이 전체적으로 운영해 주는 완전위탁관리방식을 선호하면서 기존 일괄관리방식을 더욱 시스템화하고 체계화하는 작업을 본격화하고 있다.

완전위탁관리방식은 계약이행·창고·결제·유입량·물류 배송·반품·AS 등 모든 판매 프로세스를 알리익스프레스가 직접 관리하고 운영하는 시스템을 의미한다. 완전위탁관리 모델을 통해 공급망을 최적화해 구매조달·보관·운수 비용 등의 원가를 절감함으로써 이윤을 제고한다는 것이다. 알리익스프레스는 2023년 8월부터 반완전위탁방식을 제품별, 국가별로 운영하기 시작했고, 2024년 1월 1일부터 전면적으로 시행하고 있다.

## 기존 알리익스프레스의 5가지 운영 방식

| | 플랫폼방식 | 직영방식 | 완전위탁 관리방식 | 반완전위탁 관리방식 | 해외위탁 관리방식 |
|---|---|---|---|---|---|
| 국내 물류, 창고 | 판매자 | 플랫폼 | 플랫폼 | 플랫폼 | 판매자 |
| 국제 물류, 창고 | 판매자 | 플랫폼 | 플랫폼 | 플랫폼 | 판매자 |
| 가격 결정 | 판매자 | 가격 협의 | 가격 협의 | 판매자 | 가격 협의 |
| 판매 운영 | 판매자 | 플랫폼 | 플랫폼 | 판매자 | 플랫폼 |
| 고객 만족 | 판매자 | 플랫폼 | 플랫폼 | 판매자 | 플랫폼 |
| 환불, 반품 | 판매자 | 플랫폼 | 판매자 | 판매자 | 판매자 |

두 번째 핵심 전략은 빠른 물류 배송을 위해 모기업 알리바바그룹의 첨단 스마트 물류 자회사인 차이니아오와의 협력을 강화하고 물류 창고 기능을 극대화하겠다는 것이다. 알리익스프레스는 국가 및 지역에 따라 항공 택배 및 해운 택배 등 다르게 운영하고 있다. 물류 배송의 경우 3가지 유형과 세부 선택 옵션으로 구분할 수 있다.

### ① 국제 특송 서비스

알리익스프레스에 입점해 있는 판매자가 가장 많이 활용했던 방식 중 하나로, DHL·UPS·FedEx 등 국제 특송 기업과의 협력을 통해 판매자가 택배 상품을 전 세계 각지로 배송하는 방식이다. 배송 속도가 빠르고 택배 이동 경로를 추적할 수 있으며 주문한 소비자의 집까지 바로 배송이 되는 방식이다.

알리익스프레스와 협력을 통해 국내 택배를 주로 담당하고 있는 CJ대한통운의 경우도 제품 중 배송 방법에 CJ_LOGISTICS로 표기되어 있는 상품들은 CJ대한통운의 국제 특송이라고 볼 수 있다. 국제 특급 우편인 EMS나 이것보다 느린 ecomony EMS도 국제 특송 범위에 포함된다. 또한 알리바바그룹의 물류 자회사인 차이니아오가 알리익스프레스를 대신해 위탁 서비스(AliExpress Premium Shipping)를 제공하는 것도 여기에 포함된다.

### ② 국제 등기 배송 방식

알리익스프레스 초창기에 주로 많이 활용했던 방식으로, 우체국을 통한 물류 방식이다. 15~30일의 긴 배송 시간과 분실 리스크가 크다는 단점이 있어 그 비중이 점차 줄어드는 추세다. 배송되는 국가와 지역에 따라 중국우정, 홍콩우정, 싱가포르 포스트, 스웨덴 포스트, 네덜란드 포스트 등 다양한 국제 등기 방식이 활용되고 있다. 예를 들자면, 일반 UPS, FedEx 등에서 보낼 수 없는 중국 보조배터리, 스마트폰 배터리와 같은 제품의 경우 스웨덴 혹은 네덜란드 포스트를 통해 배송이 가능하다.

### ③ 알리익스프레스 표준 배송(AliExpress Standard Shipping)

최근 알리익스프레스 택배 물건 대부분이 표준 방식으로 진행된다. 표준 배송 방식은 중국 판매자가 직접 보내는 방식이 아닌, 전국

200여 개의 알리익스프레스 물류 센터에 판매자가 제품을 미리 맡겨 놓고 해외에서 주문이 들어오면 알리익스프레스가 책임지고 배송하는 방식이다. 물류 자회사인 차이니아오가 알리익스프레스를 대신해서 위탁 서비스를 제공하는 방식이라고 볼 수 있다.

알리익스프레스가 완전위탁관리 서비스를 시작하면서 물류 센터의 전 과정이 스마트화·자동화 시스템으로 운영되고 있고, 그 결과 과거 판매자 직접 배송보다 시간이 더 단축되었다. 간혹 국내에서 알리익스프레스를 통해 주문했는데 15일 만에 받았다면 중국 판매자가 완전위탁관리 서비스를 활용하지 않고 직접 배송을 하기 때문이다. 또한 글로벌 소비자가 표준 배송을 선택해도 우체국 배송으로 전달되는 경우도 종종 발생한다.

알리익스프레스의 장점은 강력한 물류 인프라다. 차이니아오는 AI 빅데이터 인터넷 기술이 융합된 최첨단 기술 집약 물류 사업체로, 국내 창고와 해외 물류 창고를 확충하고 전국적으로 200개가 넘는 택배 배송 센터를 설립해 중국 내에서는 당일, 세계 시장에서는 3일 배송 등 주문-배송 시간을 가능한 단축시켜 플랫폼 유입량과 셀러 매출을 확대한다는 방침이다.

2023년 9월 알리익스프레스는 차이니아오와 협력해 영국·스페인·네덜란드·벨기에·한국 등 5개 국가에 대해 '1차 글로벌 5일 배송 시스템'을 구축한 바 있다. 그리고 2024년 3월 독일·프랑스·포르투갈·사우디아라비아·미국·멕시코를 2차 글로벌 5일 배송 국가로 지정하면서 글로벌 물류 배송 시간을 단축시켜 나가고 있다. 또한 차이니아오와 협력해 광둥성 선전과 멕시코시티를 오가는 해외 직구 전세기 노선까지 개설한 바 있다.

알리바바가 중국판 아마존이라고 불리는 이유도 세계 최대 규모의 스마트 물류 앱인 차이니아오 때문이다. 차이니아오는 2023년 15억 개가 넘는 택배 물량을 전 세계로 배송했다. 2013년 설립 이후 차이니아오는 9개 주요 도시의 중앙 핵심 창고와 전국 규모의 중계 창고를 설립했다.

나아가 해외 창고 규모도 확대해 나가며 알리바바그룹 전체 글로벌 이커머스 물류를 지원하고 있다.

특히 장쑤성 우시의 차오니아오 물류 기지는 중국 최초의 IoT 첨단 물류 현장이다. 사물인터넷 기술과 인공지능, 빅데이터 등 첨단 디지털 기술을 활용한 물류 혁명을 눈앞에서 확인할 수 있다. 샤오란이라 불리는 풍뎅이처럼 생긴 납작한 로봇들은 입·출고 정보를 통해 주문된 물품들을 스스로 파악해 해당하는 물건을 지시받은 장소로 옮겨 놓는다. 로봇들은 자기 스스로 충전도 하고 충전이 완료되면 업무에 복귀한다.

대규모 물류 센터를 구축하려면 많은 비용이 들고 그만큼 리스크도 커지게 된다. 결국 이것 역시 데이터와의 싸움이다. 물류 센터를 구축하려면 구매율이 높아야 하고 어떤 제품이 재구매율이 높은가를 데이터로 파악할 수 있어야 한다. 그래야 어디에 어떤 물건을 쌓아 놓을지 결정하고 판단할 수 있기 때문이다. 알리익스프레스는 그러한 데이터 구축 작업을 계속 진행하고 있는 중일 것이다. 그 데이터가 있

어야 수요를 판단할 수 있고, 그 판단을 기반으로 물류 센터를 구축할 것인지 여부를 결정할 수 있기 때문이다.

알리익스프레스는 한국 시장의 배송 기간을 단축하기 위해 산둥성의 웨이하이와 옌타이에 크기 약 $10만m^2$(약 3만 평)에 달하는 한국 전용 물류 창고까지 만들었다. 여기에 물건을 적재해 두고 평택항 물류 세관으로 바로 보내기 때문에 알리익스프레스가 자랑하는 3일 내 빠른 배송이 가능하게 된 것이다.

세 번째 핵심 전략은 가성비 높은 제품과 AS를 기반으로 소비자의 쇼핑 체험을 강화해 나가겠다는 것이다. 즉 쇼핑 체험을 통해 소비자의 플랫폼 체류 시간을 높이는 전략이다.

가품·불량품·CS(고객 만족)의 문제점이 중국 직구의 가장 큰 약점으로 지적되자, 즉, 고객 체험을 통해 부정적인 이미지를 점차 해소하려고 한다. 신속 배송, 90일 내 무료 반품 행사, 소비 쿠폰 발행, 대대적인 판촉 행사를 통해 제품의 노출량과 소비자의 유입량을 늘리겠다는 것이다. 이를 좀더 구체적으로 설명해 보겠다.

신속 배송은 세계 어느 지역이든 업무일 기준 5~14일 내 배송을 하고, 전 세계적으로 물류 창고를 가능한 많이 확보해 배송 시간을 더욱 단축하겠다는 것을 의미한다. 알리익스프레스가 한국 소비자들에게 2023년 3월부터 도입한 '초이스(Choice)' 서비스를 이용하면 3~5일 배송이 가능하도록 하겠다고 발표한 것도 바로 그런 이유다. '정시 배송 보장' 라벨이 부착된 주문의 경우 배송이 지연되면 할인 쿠폰을 제공하는 방식으로 소비자들을 록인시키겠다는 전략이다.

한 예로, 한국 시장에서 알리익스프레스는 '배송 약속' 서비스를 진행하고 있다. 판매 상품에 '5일 배송' 또는 '7일 배송'으로 표시되어 있을 경우 14일 이내에, 그 이외의 상품은 30일 이내에 도착하지 않으면 100% 환불 조치하는 서비스다. 만약 배송 약속을 어긴 것을 증명하면 주문당 1,300원짜리 쿠폰을 신청해 받을 수 있고 그 쿠폰을 다음에 바로 사용할 수 있도록 하고 있다.

무료 반품 행사의 경우, 최근 어느 국가든 90일 내 무료 반품을 원칙으로 하고 있다. 초기에는 결제 15일 이내에만 반품 및 환불을 할 수 있었으나 이 기간을 더 늘려 결제일 기준 90일까지 가능하다. 한국의 경우 G마켓, 11번가, 쓱닷컴 등 국내 이커머스 대부분은 반품·환불을 '배송 완료 후 7일 이내'로 한정하고 있고, 7일이 지난 제품은 잘못된 배송, 상품 파손 등의 조건을 충족해야 반품·환불을 해주고 있다. 쿠팡은 유료 멤버십 '와우'에 한정해 획기적으로 30일까지 반품·환불을 해주고 있다. 따라서 이커머스 유통 업계 입장에서는 알리익스프레스의 90일 무료 환불 행사는 그만큼 파격적이고 획기적인 조치라고 볼 수 있다.

마지막으로, 소비 쿠폰 및 대대적인 판촉 행사를 통해 소비자들과 판매자간 접촉면을 늘리겠다는 것이다. 알리익스프레스가 2024년 창립 14주년을 기념해 진행한 '14주년 애니버서리 세일 프로모션'에서 최대 70% 할인 행사를 진행했던 것도 그런 맥락이다. 국내에서 진행했던 10억 팡팡 이벤트와 1,000억 페스타 이벤트 등도 국내 소비자의 플랫폼 체류 시간을 높이는 전략이다. 한국뿐만 아니라 미국 시장에서도 '14주년 애니버서리 세일 프로모션'을 통해 패션 의류, 전자제품, 가구, 뷰티 제품에 대해 최고 70% 할인 행사를 진행했고 그 결과 미국 내 매출과 함께 월간 활동 사용자 수가 급증한 바 있다.

알리익스프레스는 1년 내내 다양한 프로모션 행사로 제품의 노출량과 유입량을 증가시키고 동시에 소비자가 다른 플랫폼으로 이동하는 것을 막겠다는 전략이다. 중국 직구 플랫폼의 절대 강자인 알리익스프레스는 더욱 진화할 것이다. 이제 유통 시장 내 어떠한 변화가 있을지 주목해야 한다. 유통 시장의 판도가 바뀌고 있고, 더 나아가 우리 제조 기반도 무너질 수 있기 때문이다.

# 거대한 용, 테무_
## 저가 전략과 미국 시장 공략

최근 국내에서 테무 신규 고객으로 앱을 다운받으면 신형 백팩 가방과 무선 충전 무드등, 소형 3D 프린터 등을 무료로 주는 행사가 있었다. 테무는 여기서 한 발 더 나아가 월급 180만 원이 안 되는 사람은 빨리 테무 앱을 다운받으라고 종용했다. 그리고 지금은 월급 300만 원이 안 되는 사람은 빨리 테무 앱을 다운받으라고 외치고 있다. 한번 알리익스프레스를 사용하게 되면 초저가 쇼핑에 중독되어 빠져나올 수 없다는 '알리지옥', '개미지옥'이라는 표현에 이어 이제 '테무지옥'이라는 신조어까지 생겨났다.

도대체 테무는 어떤 기업이고, 어떤 경쟁력으로 2년도 채 되지 않아 아마존을 위협하는 거대한 해외 직구 플랫폼이 되었을까?

앞서 설명했듯이, 2022년 9월 1일 설립된 중국 공동구매 이커머스 대기업 핀둬둬 홀딩스(PInduoduo, PDD)의 자회사로, 해외 직구 이커머스 플랫폼이다. 모기업인 핀둬둬는 지역 농업인들과의 직거래 농산물 유통을 기반으로 빠르게 성장한 플랫폼이다. 그리고 가상 공간에서 농작물을 만들어서 직접 배송까지 하는 이른바 사이버 농장도 중국에서 붐을 일으킨 바 있다.

테무는 주요 타깃인 미국 시장을 공략하기 위해 상하이, 광저우와 함께 보스턴에 미국 법인을 설립했고, 동부와 서부 각각 2개의 해외 창고를 운영하고 있다. 모기업인 핀둬둬도 본사를 중국에서 아일랜드로 옮기면서 중국 이미지를 빼려고 노력 중이다. 2023년 기준 테무 쇼핑 앱 국가별 다운로드 비중을 보더라도 미국이 53%를 차지할 정도로 미국을 중심으로 성장하고 있다. 테무를 통해 매일 전 세계로 나가는 택배 물량이 40만 개가 넘으며, 그중 절반 이상이 미국으로 향한다. 미국 시장에서 판매되는 제품 SKU(Stock Keeping Unit, 재고 관리를 위한 최소한의 단위)만 이미 400만 개가 넘을 정도다.

테무(TEMU) 브랜드 명칭은 "Team Up, Price Down"의 줄임말로 "물건을 사는 사람이 많을수록, 가격도 저렴해진다"는 의미다. 생산자와 소비자의 참여도가 높을수록 가격은 더욱 저렴해진다는 것이다.

테무는 미국 시장을 기반으로 설립된 지 2년도 되지 않은 짧은 시간에 캐나다·호주·영국·독일·일본·한국 등 72개 국가로 확장하며 빠르게 몸집을 키워 나가고 있다. 테무의 국가별 다운로드 점유율을 살펴보면, 2023년 5월 기준 미국이 53%로 절대적이다. 테무는 2023년 하반기부터 공격적인 SNS 광고를 하면서 유럽 국가와 한국 등 아시아 국가에서의 다운로드 점유율을 빠르게 성장시켰지만, 여전히 미국 시장의 점유율 비중이 높았다. 2024년 5월 기준 다운로드 점유율을 보면 미국이 42.1%를 차지한다. 2023년 테무 매출액이 약 180억 달러를 넘었는데, 이 중 50% 이상이 미국에서 팔렸다. 2023년 12월 크리스마스 쇼핑 시즌 전 세계적으로 테무 일일 거래액은 약 8,800만 달러로, 전년 대비 19배 증가했고, 2024년 3월 기준 일일 거래액은 1억 달러로 성장했다.

중국저장증권사 자료에 의하면, 2024년 테무 GMV(전자상거래 업체

## 2023년 5월, 테무의 국가별 다운로드 점유율(단위: %)

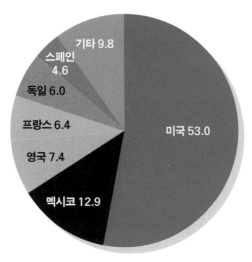

출처: AppMagic

## 2024년 5월, 테무의 국가별 다운로드 점유율(단위: %)

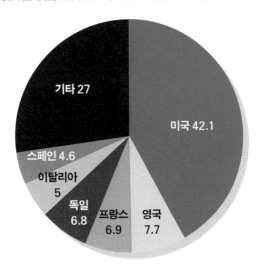

출처: Similarweb

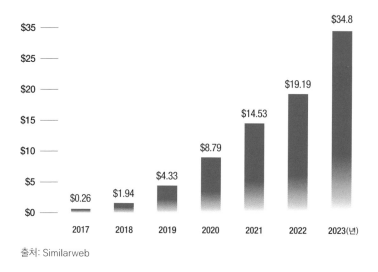

**핀둬둬 연간 수익(단위: 10억 달러)**

출처: Similarweb

에서 주어진 기간 동안 이뤄낸 총 매출액, 총 상품 판매량 / Gross Merchadise Volume)가 350억~400억 달러에 이를 것으로 전망하고 있고, 모기업인 핀둬둬는 2024년 매출 목표액을 전년 대비 3.3배 증가한 600억 달러로 설정했다. 테무가 의도적인 적자 혹은 계획적인 적자를 보고 있지만, 모회사인 핀둬둬의 연간 수익은 매년 증가하고 있는 추세다.

테무의 연간 수익을 보면, 2021년에 145억 달러, 2022년에 192억 달러, 2023년에는 348억 달러를 기록했다.

미국 물류정보업체인 쉽메트릭스(shipMatrix) 자료에 따르면, 테무를 통해 주문한 약 160만 개의 택배 물량이 미국 각지로 배송되고 있다. 미국 하원 특위에서 발표한 보고서에 의하면, 2023년 미국에 약 10억 개의 택배 소포가 미국 세관을 통해 들어오는데 그중 3분의 1이 테무와 쉬인을 통해 들어온다고 언급하고 있다.

또한 유럽·중동·라틴 아메리카·동남아 시장에서의 확장세도 가파르다. 영국의 경우 최근 테무 매월 방문량이 1,200만 명을 넘어서며 시장을 장악하고 있다. 그렇다면 이러한 테무의 글로벌 경쟁력과 성장 비결은 무엇일까? 다음 3가지로 요약할 수 있다.

## 첫째, 초저가 가격 경쟁력 _ 억만장자처럼 쇼핑하기

테무의 강점은 모회사 핀둬둬 홀딩스의 막대한 자금 지원을 기반으로 하는 초저가 가격 경쟁력이다. '억만장자처럼 쇼핑하기(Shop like a Billionaire)'라는 테무의 슬로건에서 알 수 있듯이, 1달러짜리 신발·와이셔츠·청바지 등 알리익스프레스를 넘어서는 상상을 초월하는 가격 경쟁력이야말로 테무 성장의 1등 공신이다. 어떻게 이런 가격이 가능한 것일까? 핵심은 셀러 이윤을 테무가 직접 보조금을 통해 지급하는 방식과 내부 가격 경쟁 시스템에 있다.

핀둬둬는 태생부터 '플라이휠 효과(flywheel effect)'를 기반으로 성장한 회사다. 플라이휠은 '떠 있는 바퀴'라는 뜻으로 외부 힘에 의존하지 않고 관성만으로 회전 운동을 한다. 처음에는 추진력이 필요하지만 한번 가속도가 붙으면 알아서 돌아가는 특징을 갖고 있다.

아마존의 경영 방침이기도 한 플라이휠 효과는 가격을 낮추면 고객이 모이게 되고, 고객이 많아지면 물건을 팔려는 판매자가 많아지게 되며, 이로 인해 규모가 커지면 고정 비용이 낮아져 비용이 절감되고 효율성이 높아져 결국 가격을 더 낮출 수 있는 선순환이 된다는 개념이다. 핀둬둬는 아마존보다 훨씬 저렴한 가격으로 '중국식 플라이 휠 효과'를 통해 글로벌 시장을 점하겠다는 속내다.

1장에서 잠깐 언급하였는데, 중국 비즈니스 용어 중에 '사우첸'이라는 말이 있다. 직역하면 '돈을 불태운다'라는 뜻인데, 후발 기업이 시장 선점과 경쟁사를 죽이기 위해 손실을 보더라도 우선 사업 초기부터 막대한 자금을 투입해 제품 가격을 인하하고 광고 마케팅을 하는 중국 특유의 비즈니스 방식이다. 미국 하버드대 경영대학원 클레이튼 크리스텐슨 교수가 그의 책 《혁신기업의 딜레마》에서 사용한 표현을 인용한다면, '파괴적 혁신(disruptive innovation)'을 통해 글로벌 시장을 장악하고 있는 것이다. 파괴적 혁신은 단순하고 저렴한 제품 또는 서비스로 시장 밑바닥을 공략해 기존 시장을 파괴하고 시장을 장악하는 전략을 의미한다.

영국 경제지 〈파이낸셜타임스〉가 과거 알리바바, 텐센트, 샤오미 등 중국의 대표적인 혁신 기업을 '혁신 시장의 파괴자'로 선정한 것에서 알 수 있듯이, 기존 시장을 벗어나 신규 시장을 개척해 내는 새로운 중국의 파괴적 혁신자는 지속될 가능성이 높다. 테무의 모회사인 핀둬둬가 파괴적 혁신을 통해 성공한 것처럼 테무도 똑같이 그런 방식을 추구하고 있는 것이다.

초기에 상상할 수 없는 저렴한 가격과 막대한 광고로 글로벌 시장을 교란시켜 끈질기게 시장을 잠식한 후, 점차 새로운 시장을 창출하거나 기존 시장을 재편하고 글로벌로 확장해 나가면서 결국에는 기존 선진 경쟁자를 물리치겠다는 것이다. 단순하고 저렴한 제품이나 서비스로 시장의 밑바닥을 공략한 후 빠르게 시장 전체를 장악하고, 시장의 수요 변화를 고려하여 주요 핵심 시장을 지배하는 방식의 혁신을 꿈꾸는 것이다.

2022년 말 설립 초기 10만 명이 넘는 셀러와 100만 개가 넘는 SKU(Stock Keeping Unit, 재고 관리를 위한 최소한의 단위)로 시작한 테무 플랫폼은 2024년 3월 기준 1,000만 개가 넘는 SKU를 보유할 정도로 성장했다.

테무 초기 판매자의 50% 이상은 핀둬둬의 기존 판매자와 산하 온라인 공동구매 플랫폼인 둬둬마이차이(多多买菜)에서 왔고, 그 외 나머지는 점차 늘어나는 고객 유입량과 테무의 보조금 정책을 보고 입점한 판매자들이다. 이렇게 판매자들이 빠르게 급증한 배경은 테무 플랫폼에 입점할 수 있는 장벽이 낮기 때문이다. '영업집조'라고 부르는 사업자등록증만 있으면 쉽게 입점이 가능했다. 하지만 아쉽게도 이 조건은 테무가 알리익스프레스보다 품질이 떨어지는 이유이기도 하다.

## 5할의 테무 이미지를 개선하라

"여름용 샌들 4달러, 드레스 7달러, 무선 충전기 5달러 등 너무 저렴해서 호기심에 테무에서 10개 제품을 구입했는데, 이 중 절반인 5개는 바로 쓰레기통에 버렸어요. 딱 5할이에요."

평소 친한 지인이 필자한테 한 말이다.

테무를 통해 구입한 10개 중 5개를 버렸기 때문에 '50%의 확률'

이라는 의미로 5할이라는 표현을 쓴 것이다. 테무에서 물건을 구매한 소비자 대부분이 이와 비슷한 경험을 했을 것이다. 너무 저렴해서 호기심으로 한 번 구매했는데, 절반은 가성비가 있는 제품인 듯하고, 나머지는 쓸 수 없을 정도로 품질이 매우 떨어진다는 것이다. 당연히 반품 및 환불 요청이 많아질 수밖에 없다.

테무는 모든 구매 주문에 대해 첫 번째 반품 배송비는 무료로 진행한다. 그리고 구입 후 90일 이내에 전액 환불이 가능하다. 소비자가 구매한 테무 사이트 또는 스마트폰 앱에서 '내 주문'으로 들어가 '반품/환불' 버튼을 누르고 질문에 대답하면 반품 접수가 진행된다. '선환불, 후 반송' 원칙이지만, 테무는 제품 가격보다 반환 운송비가 더 비싸기 때문에 소비자에게 반품을 요구하지 않는 경우가 대부분이다. 소비자가 환불을 신청할 경우, 빠르게 크레딧으로 환불해 주거나 카드나 페이 등 결제시 사용했던 방식으로 환불하는 것을 원칙으로 한다.

테무는 글로벌로 확산되고 있는 품질 논란, 가품, 안전성 등의 이슈가 이미지 하락으로 이어지고 이는 결국 소비자 이탈, 테무의 GMV 하락, 나아가 모회사인 핀둬둬의 미국 내 주가에도 영향을 미칠 것으로 보고 있다. 예상했던 대로, 2024년 8월 26일 핀둬둬 주가가 28% 폭락하는 사태가 벌어졌다. 테무의 2024년 2분기 매출액이 시장 전망치인 1,000억 위안(약 19조 위안) 보다 낮은 970억 위안(약 18조 원)으로 공시되었고, 테무의 급성장에 따른 해외 시장의 규제 강화, 제품 안전성 등 이슈가 투자자의 불안 심리를 자극한 결과라고 볼 수 있다.

비록 매출 증가율은 85.7%였으나 2022년 9월 테무 설립 이후 그 증가세가 점차 둔화될 수 있다는 불안감이 작동한 것이다. 중국 경제 매체 차이신 자료에 의하면, 테무의 매출 증가율은 2023년 3분기 94% → 2023년 4분기 123% → 2024년 1분기 131%로 지속적으로 증가했다.

이에 테무는 2024년부터 품질로 인한 소비자의 환불 요청시 환불 사유, 판매 및 환불 데이터에 기반해 판매가의 2배 이상의 벌금을 부과하는 조항이 들어간 계약을 중국 판매사와 체결하기 시작했다. 이른바 '반품 없는 환불 정책'을 통해 판매자에게 플랫폼의 손실을 전가시키는 것이라고 볼 수 있다.

최근 핀둬둬 홀딩스 광저우 본사 앞에서 테무에 입점해 있는 중국 판매사들의 단체 시위가 잦아지는 것도 그런 이유다. 중국 판매사들은 반품 없는 환불 정책과 2배 이상의 벌금은 너무 가혹하다고 주장하며 벌금을 내지 못하겠다는 입장이다. 그런데 다르게 해석하면 그만큼 품질 논란이 생기지 않도록 조잡하게 만들지 말라는 경고를 중국 판매사들에게 한 것이다. 이러한 점이 바로 '테무가 잠시 유행으로 끝날 것이다'라는 일부 전문가들의 말에 동의할 수 없는 이유다.

한편, 테무는 초저가 가격 경쟁력을 유지하기 위해 가격의 절반을 보조하는 제품을 시작으로, 제품마다 각기 다른 보조금 정책을 운영하고 있다. 패션 의류의 경우 20~25% 이윤을 테무가 직접 셀러에게 지급해 준다.

초저가의 또 다른 방식은 셀러 간 '가격 경쟁 입찰 방식'을 통해 가격을 낮추는 방식이다. 제품마다 다르지만 평균 5~7일 간격으로 가격 경쟁 입찰이 진행된다. 동종 제품에 참여하는 셀러가 많을 경우, 가장 저렴한 판매 가격을 제시한 셀러를 입점시키는 방식이다. 셀러 입장에서는 비록 이윤이 많지 않지만, 박리다매와 보조금을 통해 지속적으로 수익이 발생할 수 있고 재고를 걱정할 필요가 없다는 장점 때문에 적지 않은 셀러들이 울며 겨자 먹기 식으로 테무 플랫폼을 떠나지 못하고 있다.

### 둘째, 막대한 마케팅 비용 _
### 미식축구 슈퍼볼 30초 광고에 700만 달러

시장을 선점하고 파급 효과를 극대화하기 위해 테무는 엄청난 양의 마케팅 비용을 투입하고 있다. 1장에서 언급했던 것처럼 단기성 광고뿐만 아니라 미국 최대 스포츠 행사인 제58회 미식축구 슈퍼볼 (NFL) 결승전에 테무가 수천만 달러의 광고를 진행해 화제가 되고 있다. 2023년에 이어 2년 연속 슈퍼볼 30초 TV광고에 700만 달러와 1,000만 달러의 쿠폰과 경품을 제공하며 미국 소비자를 유인했다. 시가 총액 약 2,000억 달러에 이르는 미국 나스닥에 상장해 있는 핀둬둬의 적극적인 지원으로 대략 초당 원화 3억 원의 마케팅 광고 비용을 뿌리고 있는 것이다. 뿐만 아니라 1년 내내 진행하는 페이스북, 인스타그램 등의 디지털 광고에도 상당한 비용을 지불하고 있다.

JP모건은 테무가 최근 미국 매출 및 사용자 증가율이 둔화되고 있는 상황에서도 마케팅 광고 예산을 2023년 17억 달러에서 30억 달러로 확대해 더욱 공격적인 마케팅을 펼칠 것으로 보고 있다. 문제는 적자로 인한 손실을 감내하며 언제까지 버틸 것인가다. 테무가 미국에 물건 하나를 팔 때마다 최소 7달러, 많으면 10달러씩 적자를 보고 있는 것으로 알려져 있다. 가장 큰 이유는 바로 물류비의 증가다. 코로나19로 인해 중국 내 미국발, 유럽발 비행기가 막혀 있었고, 예전과 비교할 때 아직도 회복되지 못한 상황에서 테무는 산동성 내 항만을 통해 인천으로 들어왔다가 다시 항공기를 통해 미국과 유럽으로 배송하다 보니 물류비가 늘어나 손실이 더 커진 셈이다.

정확히 알려지지 않았지만 미국 시장 내 적자율은 30~35%, 글로벌 전체로 보면 적자율이 40%에 이를 것으로 추정된다. 테무는 2023년 11월 미국 해운 및 항법 서비스 회사인 맷슨(Matson), 짐 로지스틱스(ZIM Logistics), 프랑스 운송 회사인 CMA CGM, 덴마크 코펜하겐에 본사를 두고 있는 글로벌 해운 기업인 머스크(MAERSK Line), 덴마크에 본사를 둔 글로벌 2위의 해운 대기업, 중국 최대의 해운 회사인 코스코해운(COSCO SHIPPING, 中国远洋海运集团有限公司)과 MOU를 체결했다. 글로벌 물류 해운 기업들과의 협력을 통해 해외 직구 물류 효율을 제고시켜 물류 원가를 낮춘다는 계획이다.

테무는 파격적인 신규 고객 모집 행사와 반품 및 환불 판촉 마케팅을 벌여 끊임없이 소비자를 끌어모으고 있다. 핀둬둬의 플라이휠 효과가 얼마나 지속될지 주목된다.

## 셋째, 테무식 완전위탁관리 시스템

테무는 완전위탁관리 시스템의 원조로 알테쉬톡 중 가장 먼저 완전위탁관리 시스템을 운영했고, 중국 직구 플랫폼 중 가장 빠른 시간 내 글로벌 직구 시장을 장악하고 있는 플랫폼이다. 알리바바 마윈 회장도 처음 테무의 완전위탁관리 시스템을 보고 놀랄 정도였다. 지금 알리익스프레스가 진행하고 있는 완전위탁 방식인 일괄위탁운영관리 방식도 사실 테무를 벤치마킹해 알리익스프레스의 장점인 물류 시스템을 더해 만들어진 방식이라고 볼 수 있다.

중국 국가통계국 데이터에 의하면, 2022년 기준 연 수입액이 2,000만 위안(약 38억 원) 이상 되는 규모 있는 중국의 제조 공장이 300만 개가 넘는다. 수입액이 2,000만 위안이 안 되는 공장까지 합치면 670만 개 이상이다. 만약 통계에 잡히지 않는 공장까지 합친다면 1,000만 개가 훨씬 넘을 정도로 여전히 중국은 세계의 공장으로 자리매김하고 있다. 이 1,000만 개가 넘는 제조 공장이 코로나19와 미중 전략 경쟁의 영향으로 직격탄을 맞아 공장들에는 재고 물량이 넘쳐 났고, 물건을 팔지 못해 문을 닫는 공장들도 많아졌다. 핀둬둬의 창업자인 콜린 황(黃峥)이 이 상황을 사업의 기회로 보고 핀둬둬의 국내 물류 창고와 AI 기술을 접목해 2022년 9월 설립한 플랫폼이 바로 테무다.

테무는 회사 이름처럼 판매자가 파는 물건이 많을수록 물건을 사는 사람도 많아질 것이고, 이를 플랫폼이 완전위탁관리하는 방식으로 진행하면 판매 가격도 더 저렴해진다고 본 것이다. 중국 내 판매자

## 테무의 완전위탁관리방식과 반완전위탁관리방식 비교

출처: (사)한중연합회 산하 중국경영연구소

가 제품을 미리 핀둬둬의 국내 창고까지만 보내면 물품 선정-가격 책정-초보(1차) 제품 심사-국내 창고-해외 물류-외국어 서비스-광고 홍보 마케팅-판매-환불 및 반품 절차 등 모든 절차를 테무 플랫폼에서 운영하는 형식이다.

그러나 초저가와 물류 비용 증가로 인한 손실이 늘어나고, 품질 논란이 확대되면서 완전위탁관리방식에 대한 변화가 일어나기 시작했다. 테무의 해외 창고가 있는 국가를 중심으로 AI 기술에 기반한 주문량과 판매 실적 등을 고려해 일부 품목의 경우 2024년부터 반(半) 위탁관리방식으로 전환하고 있는 추세다. 반완전위탁관리는 국내 창고-해외 물류-해외 창고-반품 처리 등 4개 절차를 플랫폼이 아닌 판매자가 직접 하는 방식이다. 반완전위탁관리방식을 통해 판매자가 물류 및 반품과 반송을 책임지는 형태로 전환하고 있는 것이다.

테무 입장에서는 물류 비용을 절감할 수 있고, 반품 및 환불을 걱정할 필요가 없기 때문이다. 테무는 2024년 자체 개발한 플랫폼 개방 프로젝트인 POP(Platform Open Plan)를 통해 판매자가 플랫폼 내 자체 점포 운영하는 새로운 방식을 시도할 것으로 알려져 있다.

## 성장한 용, 쉬인 _
## 패스트 패션의 혁신자

한국에서는 크게 알려지지 않았지만, 북미와 중동 시장에서 MZ 여

성 세대를 중심으로 시장을 확대하고 있는 중국 패스트 패션 기업 '쉬
인(Shein)'의 성장세가 무섭다. 미국에서 길 가는 10대 여학생 중 10명
중 9명은 쉬인을 알고, 그들 대부분의 스마트폰에 쉬인 쇼핑 앱이 깔
려 있을 정도다.

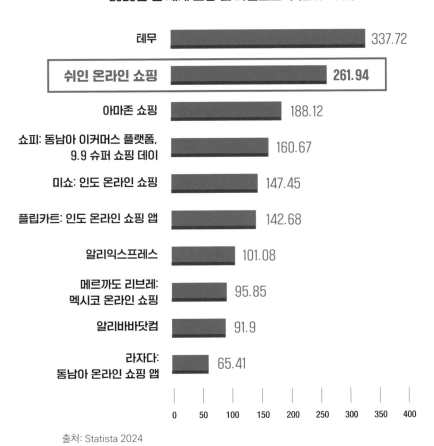

2023년 전 세계 쇼핑 앱 다운로드 수(단위: 백 만)

| | |
|---|---|
| 테무 | 337.72 |
| 쉬인 온라인 쇼핑 | 261.94 |
| 아마존 쇼핑 | 188.12 |
| 쇼피: 동남아 이커머스 플랫폼, 9.9 슈퍼 쇼핑 데이 | 160.67 |
| 미쇼: 인도 온라인 쇼핑 | 147.45 |
| 플립카트: 인도 온라인 쇼핑 앱 | 142.68 |
| 알리익스프레스 | 101.08 |
| 메르까도 리브레: 멕시코 온라인 쇼핑 | 95.85 |
| 알리바바닷컴 | 91.9 |
| 라자다: 동남아 온라인 쇼핑 앱 | 65.41 |

출처: Statista 2024

2023년 기준 전 세계 쉬인 앱 다운로드 회수는 8억 5,000만 건에 이른다. 〈포브스〉가 선정한 2022년 50대 중국 혁신 기업에 선정되었고, 2022년 〈타임〉지에서 '글로벌 100대 영향력 있는 기업'으로 선정되기도 했다. 2023년 4월에는 2023년 글로벌 유니콘 기업[유니콘 Unicorn 기업은 기업 가치가 10억 달러 이상인 신생기업(StartUp)을 가리킨다] 순위에서 4위를 차지한 바 있다.

쉬인은 어떻게 글로벌 기업으로 성장할 수 있었을까?

우선 쉬인의 성장 배경을 이해해야 한다. 쉬인은 2008년 설립되어 알리익스프레스·테무 등 중국 해외 직구 플랫폼과 다르게 자체 브랜드 중심으로 성장했다. 태생부터 글로벌 시장 진출을 목표로 삼아 전세계 150여 개 국가에 제품을 판매하고 있다.

2023년 기준 전 세계 쇼핑 앱 다운로드 수 순위에서 쉬인은 2억 6,194만 회로, 3억 3,772만 회인 테무에 이어 2위를 차지했지만 1억 8,812만 회인 아마존을 추월했다.

사업 초기 브랜드인 ZZKKO의 웨딩드레스 전문 해외 쇼핑몰 사업을 시작으로 2012년 '쉬인사이드(Sheinside)'로 브랜드 명을 변경한 뒤 다양한 패션 의류 카테고리로 확장했다. 그리고 2015년 온라인 검색이 용이하고 간결한 '그녀(She) + 안·내부(In)'라는 쉬인 브랜드가 탄생한 것이다.

쉬인 글로벌 성장의 1등 공신은 바로 창업자이자 CEO인 쉬양텐 (許仰天)이다. 그는 1984년 산둥성의 쯔보에서 태어났다. 2007년 칭다오과기대학(국제무역·컴퓨터 전공)을 졸업하고, 이듬해인 2008년 2명의 동업자와 함께 장쑤성 난징에서 웨딩드레스 쇼핑몰을 창업하면서 돈을 벌기 시작했다. 이를 바탕으로 글로벌 사업 확장에 필요한 벤처 자금 수혈도 받게 된다.

2013년 자프코 아시아(JAFCO Asia)로부터 500만 달러 벤처 투자 자금을 받은 이후, 지난 10년간 총 9차례 벤처 투자를 받았다. 2015년 에는 IDG, 그린우드 투자, 세쿼이아 캐피털(红杉资本), 쑨웨이 캐피털 (顺为资本), 타이거 펀드 등 대표적인 중국 벤처 캐피털로부터 추가 투자를 받게 되었다. 2022년에 타이거 글로벌 펀드, 세쿼이아 캐피털, 미국 성장 주식 투자 회사인 제너럴 애틀랜틱(General Atlantic), 보위 캐피털(Boyu Capital) 등으로부터 10억 달러 공동 투자를 받았다. 그 결과 쉬인의 기업 가치가 1,000억 달러를 넘어서며 틱톡 모회사인 바이트댄스, 스페이스X, 오픈AI와 함께 글로벌 4대 가장 가치 있는 기업으로 성장했다. 이런 성장을 바탕으로 쉬인은 줄곧 미국 뉴욕 증시 상장을 준비해 왔다. 2024년 초까지만 해도 쉬인의 미국 상장 가능성은 높아 보였다.

블룸버그는 2024년 쉬인이 미국 IPO를 하게 되고, 조달된 자금으로 더욱 공격적인 투자와 마케팅을 전개해 그 성장세는 더욱 빨라질 것으로 전망한 바 있다. 그러나 미국과 중국 간 충돌이 심화되고 신장 위구르 문제로 인해 쉬인의 뉴욕 증시 상장이 계속 지연되고 있다.

쉬인은 구글·페이스북·트위터 등 SNS 광고에 막대한 마케팅 비용을 쏟아부었고, 그 결과 짧은 시간 내 쉬인 앱 방문 유입량이 급격히 늘어났다. 인터넷 분석기관인 시밀러웹에 의하면, 2023년 기준 전 세계 쉬인 회원이 2억 5,130만 명에 이른다.

　전략적 파트너사인 글로벌 패션 브랜드사 어센틱브랜즈그룹(ABG)에 의하면, 쉬인 매출액은 2019년 31억 달러에서 2022년 227억 달러로 3년 사이 7배 이상 성장했고, 2023년은 450억 달러 이상으로 전년 대비 60% 이상 증가했으며, 순이익만 20억 달러로 전년 대비 180% 이상 증가했다. 2024년 매출액도 전년 대비 40% 증가한 630억 달러로 전망되고 있다. 한편, 영국의 비즈니스 신문인 〈파이낸셜 타임스〉는 2025년 쉬인의 GMV 전망치를 806억 달러, 수입액은 585억 달러, 순이익은 75억 달러에 이를 것으로 전망하고 있다.

　쉬인의 글로벌 성장세는 무서울 정도다. 이미 글로벌 패스트 패션 기업들을 추월해 세계 1위의 패스트 패션의 왕좌에 올라섰다. 2023년 미국 블랙프라이데이 쇼핑 기간 동안의 쉬인의 온라인 매출액은 98억 달러로 전년 대비 7.5% 성장하면서 미국 패스트 패션 시장 점유율이 40%에 육박했다. 2023년 상반기 세계 2위 브랜드인 H&M을 추월했고, 2023년 12월 기준 이미 기존 세계 1위인 자라까지 추월했다. 블룸버그는 쉬인의 미국 패스트 패션 시장 점유율이 H&M과 자라, 패션 노바, 포에버21등을 모두 합친 것보다 많은 50%로 추산하고 있다. 쉬인의 한국 내 가입자도 2023년 2월 약 15만 명에서 2024년 3월 기준 약 70만 명으로 빠르게 증가하고 있다.

　쉬인 매출액의 절반 이상은 미국·중동·유럽·동남아 시장에서 창출되고 있다. 배송 시간을 단축하기 위해 미국 동부와 서부에 배송 물류 센터가 있으며, 그 외에 벨기에, 인도와 중국 내 광둥성 포산(佛山)

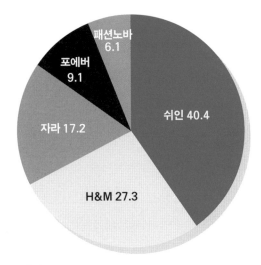

**미국 패스트 패션 소매 시장 점유율**(단위: %, 2022년 기준)

패션노바 6.1
포에버 9.1
자라 17.2
쉬인 40.4
H&M 27.3

출처: Techreport.com

과 남사군도(南沙) 등 6개의 글로벌 물류 센터를 두고 있다. 미국 인디애나주 물류 배송 센터에 근무하는 쉬인 직원만 1,000명이 넘는다. 미국 내 배송 물류 센터 덕분에 기존 2주 정도 소요되던 미국 배송 시간이 3~4일로 단축되면서 미국 시장 점유율은 더욱 확대되고 있는 추세다.

또한 유럽과 중동 시장의 매출이 증가함에 따라 폴란드·이탈리아·아랍에미리트 등의 지역으로 배송 물류 센터가 확대하고 있다. 쉬인은 중국 이커머스 기업 중 전세기를 가장 많이 보유한 기업 중 하나로, 전 세계 200여 개의 물류 및 공급 협력 파트너가 있다. 또한 총 7개의 소비자 관리 센터가 운영되고 있는데, 로스앤젤레스·필리핀 마닐라·두바이·인도 뭄바이와 중국 이우와 난징이 그곳이다. 쉬인의 물류 창고는 3가지 유형으로 구분된다. 첫째, 국내 핵심 메인 창고(核心中心仓)로 광둥성 불산시에 위치하고 있으며, 불산시 중심으로 여러 개의 서브 창고(위성 창고, 卫星仓)를 운영하고 있다. 직구로 해외로 수출되는 쉬인 제품의 95%가 불산의 메인 창고와 주변 서브 창고에서 출고된다.

둘째, 인도네시아·베트남·호주 등의 등 국가에 있는 해외 중계 창고(海外中转仓)로, 물류 노선 및 상황에 따라 불산 메인 창고에서 해외 중계 창고로 배송되고, 여기서 다시 목적지로 전달된다.

셋째, 홍콩·벨기에·미국 등의 국가에 설립되어 있는 해외 운영 관리 창고(海外运营仓)로, 주변 국가와 지역 및 도시 배송을 담당하는 창고를 말한다. 소재 개발·시제품 개발·대량 생산·품질 관리·창고 관리·물류 배송의 전체 생산 공급망 프로세스를 갖추고 있고, 생산 조달을 담당하는 직원이 1,500여 명에 이르며 창고 물류 관련 직원만 1만 명이 넘는다.

쉬인은 아시아 시장으로도 적극 진출하고 있다. 쉬인코리아를 통해 기존 한국의 디자이너 소싱 업무를 넘어 실제 플랫폼 소매 판매를 진행하고 있고, 한국의 소비자 빅데이터를 기반으로 맞춤형 콘텐츠를 제공하면서 국내 시장에서 빠르게 성장하는 추세다. 또한 서울 성수동과 일본 오사카에 쉬인 팝업스토어를 오픈하고 오프라인에서 입어 보고 온라인에서 주문하는 O2O(오프라인 to 온라인) 모델을 통해 한국뿐만 아니라 유니클로의 본 고장인 일본에서도 사업을 확장하고 있다.

쉬인의 이러한 글로벌 성장 원동력은 무엇일까?

## 초저가 경쟁력을 제외한 2가지 핵심 경쟁력

첫째, AI와 빅데이터 기반의 패션 알고리즘을 통해 가장 빠르게 신상품 패션 디자인을 선정하고 생산한다. CEO인 쉬양텐이 구축한 쉬인 검색엔진 최적화(SEO)를 통해 글로벌 최신 패션 트렌드를 찾아내고, 검색된 패션 트렌드의 콘셉트와 특징은 중국 내외의 쉬인 디자이너 팀들에게 전달된다.

쉬인 디자이너 팀은 북미, 유럽 등 20여 개 국가에 분포되어 있고 현재 3,000명이 넘는 것으로 알려져 있다. 이들 대부분은 정규 상근직이 아닌 건별 계약을 통해 디자인 비용을 지불받게 된다.

쉬인은 지속적으로 신진 디자이너를 발굴하는 '쉬인X' 프로그램을 통해 패션 트렌드와 현지 문화 특성, 체형을 감안한 디자인 제작에 많은 자금을 투자하고 있다. 국내에서 쉬인 디자이너로 활동하는 한국인도 50여 명에 이른다. 이들의 드로잉과 작업 지시서로 만들어진 패스트 패션이 쉬인 글로벌 플랫폼을 통해 전 세계로 판매되고 있으며, 전 세계적으로 쉬인과 계약 관계에 있는 디자이너만 800명이 넘는다.

빅데이터 기반으로 매일 출시되는 신상품 SKU가 5,000~6,000개에 이를 정도다. 저성장·고물가·고금리의 글로벌 경제 상황에서 쉬인은 심플하면서도 신선한 디자인과 초저가 경쟁력으로 글로벌 패션 시장을 장악하고 있는 것이다.

쉬인은 단순 패션 의류라기보다 IT기업으로 볼 정도로 빅데이터와

AI 기반의 시스템 경영을 하고 있다. 쉬인이 자체 개발한 300여 개 회사 운영 시스템을 통해 최근 트렌디한 디자인 수집 및 공유, 재고 처리, 플랫폼 관리 등을 실행한다. 그중 30~40여 개의 공급망 IT 시스템을 통해 쉬인 제조 생태계를 직접 관리하고 운영한다.

둘째, 일반 패션 기업들이 따라갈 수 없는 막강한 '광저우 패션 공급망 생태계'를 구축하고 있다. 이를 통해 쉬인만의 '소량 주문-빠른 피드백-신속 제품 생산(小单快返 快速上线)' 사업 모델을 구축했다. 다품종 소량 생산으로 매일 수천 개 신상품이 생산되는데, 모델별로 초기에 100~200벌 정도 생산한다. 그러고는 SNS 빅데이터에 기반한 시장 피드백을 통해 히트 상품과 중고 처리할 제품을 구분한다. 히트 상품의 경우 글로벌 수요에 맞게 대량 생산하고, 실패한 제품의 경우 자체 중고 플랫폼인 '쉬인 익스체인지(SHEIN Exchange)'를 통해 처리한다. 디자인에 대한 시장 반응을 즉각적으로 테스트해 볼 수 있는 환경이다.

이러한 시스템은 다른 일반적인 패션 기업들에게는 상상하기 힘든 구조다. 기존의 다른 패션 기업들은 일단 다량의 제품을 제작해서 쌓아 둔 후 제작한 제품을 얼마나 '남김없이' 잘 판매하느냐에 따라 성패가 좌우된다. 한마디로 '재고 전쟁'인 것이다. 이에 반해 유연한 공급망이 쉬인의 강점이다.

하지만 쉬인은 디자인 면에서 취약한 편이다. 쉬인이 한국 시장에 진출하려는 가장 큰 목적도 이 점 때문이다. 동대문 등의 디자인 인프라를 통해 수준 높은 한국의 의류 디자인을 저렴하게 구매해 가려고

할 것이다.

중국 카이위엔(开源)증권연구소에 따르면, 쉬인 제품의 성공 확률이 50% 이상이고 판매가 부진한 제품 비중이 10% 정도다. 패션 사업에서 기업의 가장 큰 고민거리가 바로 제품 재고율인데 일반 패션 기업 재고율이 30%가 넘는 반면, 쉬인은 2% 정도로 타의 추종을 불허한다.

쉬인은 광둥성 광저우와 불산을 기반으로 반경 두 시간 내에 쉬인 패션 제조 클러스터를 구축해 디자인에서 생산까지 2~3주 소요되던 기존의 리드타임을 최대 7일 이내로 단축했다. 쉬인 생태계 최적화를 통해 전제품을 24시간 이내 출고하여 무료 배송을 하고, 5~8일 내 도착까지 보장하고 있다. 과거 글로벌 패스트 패션 브랜드인 자라가 상품 기획부터 판매까지 소요되는 시간을 파격적으로 2주 이내로 줄이면서 세계적인 브랜드로 성장했다. 그러나 쉬인이 등장하면서 판을 바꿔 버린 것이다. 현재 쉬인은 10달러 미만의 패션 의류 및 액세서리 상품을 디자인-생산-창고 입점까지의 리드타임을 5일로 줄인 상태다. 대부분 의류가 디자인 1일-원부자재 제작 1일-재단 및 라벨, 마감처리 2일-2차 수작업 및 생산 1일의 총 5일이면 신제품이 출시되는 구조다.

나아가 쉬인 특유의 제조 공급망 프로젝트가 2022년 광저우시 중점 항목 프로젝트에 포함되면서 현재 광저우시 증성구(增城區)에 총 건축 면적 330만 제곱미터 규모의 '쉬인 패션 제조 공화국'이 건설되고 있다.

쉬인은 기존 여성 패션 중심에서 패션 액세서리·남성복·아동복과 스키복·요가복 등 스포츠웨어·아웃도어 제품으로 영역을 확장해 나가고 있다. 현재 쉬인은 패스트 패션 영역을 넘어 쉬인의 성장 방식과 비즈니스 모델을 다른 업종과 접목시켜 나간다는 전략이다. 중국 특유의 제조 생태계와 쉬인의 비즈니스 모델을 접목해 쉬인을 또 다른 생태계로 만들어 나가겠다는 속내다.

한 가지 예로, 광둥성 중산(中山)의 전구 산업 클러스터, 불산의 가구 산업 클러스터, 푸젠성 샤먼의 웨딩드레스 클러스터, 저장성 이우 및 허난성 쉬창의 가발 산업 클러스터 등 다양한 관련 공장들이 집적화되어 있는 지역이 매우 많다. 이러한 다양한 전통 제조 산업의 작은 공장들이 모여 있는 지역 클러스터를 쉬인의 AI 및 빅데이터 기반의 IT기술과 접목시켜 새로운 쉬인의 사업 영역으로 확장하려는 계획이다.

그러나 중국 내 인권 탄압·노동자 착취·환경·지적재산권 등 미·중 충돌 이슈의 중심에 있는 쉬인의 글로벌 확장이 지속될 것인가에 대한 의문도 계속 제기되고 있다.

이에 대응해 쉬인은 본사를 싱가포르로 이전하면서 미국, 유럽, 라틴 아메리카를 중심으로 성장 모델을 추구하며 탈중국화를 가속화한다는 전략이다. 특히 브라질의 저렴한 인건비를 활용한 '브라질 제조 생태계'를 구축하기 위해서 쉬인은 이미 2,000개가 넘는 현지 생산 공장과의 협의를 마무리한 상태다. 쉬인의 해외 증시 상장 추진과 글로벌 사업 확장이 전 세계 패스트 패션 시장의 판도를 바꿀 것으로 전망하고 있다.

## 잠룡, 틱톡샵_
## 엔터테인먼트와 상업의 융합

알리익스프레스에 이어 테무가 국내 유통 소비 시장을 대규모로 공습하면서 대한민국은 이른바 'C-커머스(중국의 이커머스 플랫폼)'와의 전쟁이 진행 중이다.

범정부 차원의 소비자 보호 대책을 세우고 있지만 밀려드는 중국 직구 플랫폼은 더욱 진화하며 우리의 소비 패턴은 물론 산업 생태계 지형까지 바꾸고 있다. 특히 글로벌 숏폼 시장의 1인자인 틱톡의 전자상거래 기능을 탑재한 틱톡샵까지 한국 시장으로의 진출이 임박하면서 국내 이커머스와 산업 생태계에 미칠 영향은 더욱 커져가고 있다.

틱톡샵은 말 그대로 틱톡 앱 안에 있는 상점으로, 영상 콘텐츠와 쇼핑을 결합한 미디어 커머스다. 쇼핑과 엔터테인먼트가 결합했다고 해서 '쇼퍼테인먼트' 혹은 '흥미(Fun) 커머스'라고도 한다. 틱톡샵은 기존 중국 직구 플랫폼(알리익스프레스·테무·쉬인)과는 다른 글로벌 이커머스 시장의 판도를 바꿀 잠룡이라고 볼 수 있다.

글로벌 데이터 분석 업체인 디멘드세이지(demandsage) 자료에 의하면, 2023년 전 세계 틱톡 사용자 전망치가 19억 2,200만 명으로 매

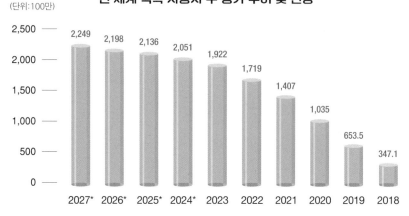

**전 세계 틱톡 사용자 수 증가 추이 및 전망**

출처: demandsage
*: 전망치

일 10억 명이 넘는 사용자가 틱톡을 사용하고 있다. 약 20억 명의 사용자 중 18~34세 연령층이 약 70%를 차지하고 있다. 2024년 월간 활성 사용자 수가 15억 6,000만 명으로 페이스북(30억 500만 명), 유튜브(24억 9,000만 명), 왓츠 앱(20억 명), 인스타그램(20억 명)에 이어 다섯 번째 글로벌 소셜미디어 플랫폼으로 성장했다.

틱톡 앱 다운로드 수도 매년 증가하고 있는 추세로, 글로벌 리서치 전문 기관인 스태티스타(Statista) 자료에 따르면 틱톡 앱 2023년 누적 다운로드 수가 49억 2,000만에 이른다. 2023년 한 해 다운로드 수가 10억 회에 달한다.

## 틱톡 앱 연도별 다운로드 회수

| 년도 | 틱톡 다운로드 수 |
|------|------------------|
| 2023 | 10억 회 |
| 2022 | 8억 5,669만 회 |
| 2021 | 7억 2,109만 회 |
| 2020 | 9억 8,749만 회 |
| 2019 | 7억 384만 회 |
| 2018 | 6억 5,375만 회 |

출처: Statista

소비자가 재미있는 틱톡의 짧은 영상 콘텐츠 피드를 스크롤하면서 동시에 만약 마음에 드는 제품이 나오면 앱을 종료하지 않고 간편하게 바로 결제와 구매할 수 있는 서비스다. 틱톡 고유의 영상·소비 알고리즘을 통해 소비자의 관심 콘텐츠에 맞게 피드를 설정하고, 지속해서 재미를 제공하면서 쇼핑을 유도하는 방식이다. 틱톡샵은 보관·배송·배송을 포함해 판매자를 위한 물류를 지원하는 틱톡 특유의 물류 솔루션을 제공하고 있다. 또한 라이브 커머스 쇼핑 및 광고 크리에이티브 쇼핑 제휴 프로그램을 통해 쇼퍼엔터테인먼트를 구현하고자 한다.

원하는 잠재 고객과

팔고자 하는 공급자를

AI가 골고루 전 세계 DAU 10억 명의 틱톡 유저에게 보여 준다.

## 2023년 국가별 틱톡 사용자 수

| 순위 | 국가명 | 사용자 수 |
|------|--------|-----------|
| 1 | 미국 | 1억 4,892만 명 |
| 2 | 인도네시아 | 1억 2,683만 명 |
| 3 | 브라질 | 9,859만 명 |
| 4 | 멕시코 | 7,415만 명 |
| 5 | 베트남 | 6,772만 명 |
| 6 | 러시아 연방 | 5,859만 명 |
| 7 | 파키스탄 | 5,438만 명 |
| 8 | 필리핀 | 4,909만 명 |
| 9 | 태국 | 4,438만 명 |
| 10 | 튀르키예 | 3,773만 명 |
| 11 | 방글라데시 | 3,736만 명 |
| 12 | 사우디아라비아 | 3,510만 명 |
| 13 | 이집트 | 3,294만 명 |

출처: Statista 2024

틱톡샵의 글로벌 시장 진출은 국가별 틱톡 사용자 수 현황을 보면 미국과 인도네시아 시장을 기반으로 점차 다른 지역으로 확장해 나가고 있다는 것을 알 수 있다. 틱톡은 특히 2024년부터 이탈리아·스페인·프랑스 등 유럽과 호주와 뉴질랜드와 중동 국가로 성장한다는 방침이다.

이러한 틱톡샵의 차별화된 비즈니스 특징을 정리하면 대략 다음 3가지로 요약된다.

## 첫째, 동남아를 지나 북미로

틱톡샵의 글로벌화 전략은 동남아를 경유해 북미 시장에 진입하는 우회 전략을 선택했다. 테무와 쉬인이 태생적으로 북미 시장을 타기팅하며 생겨났다면, 틱톡샵은 데이터 안보에 덜 민감한 동남아 국가부터 서비스를 시작했다. 틱톡샵이 2021년 처음 진출한 국가가 바로 인구 2억 7,000만 명의 인도네시아였다.

인도네시아 진출을 기점으로 틱톡샵은 2023년까지 말레이시아·싱가포르·필리핀·태국·베트남의 동남아 5개국과 미국·영국·사우디아라비아의 9개 국가로 시장을 확대하며 규모를 점차 키워 나갔다. 틱톡샵의 총매출액(GMV)은 2021년 인도네시아 시장을 기반으로 10억 달러 → 2022년 44억 달러 → 2023년 200억 달러로 증가하며 폭발적인 성장세를 보이고 있다. 2022년 11월 동남아 5개국과 영국 시장 진출을 본격화했고, 미국 시장은 2023년 9월 틱톡샵 서비스를 출시했다.

싱가포르 기술 리서치 회사인 모멘텀 웍스(Momentum Works)가 발간한 〈2024년 동남아 전자상거래 보고서〉에 의하면, 인도네시아, 베트남 등 동남아 8개국 이커머스 전체 GMV가 1,146억 달러로 전년 대비 15% 성장했다. 2023년 동남아시장 이커머스 플랫폼별 GMV와 점유율 현황을 보면, 쇼피(Shopee)의 GMV 규모가 638억 달러, 점유율 45.9%로 1위를 차지했다.

2위 라자다(Lazada)가 243억 달러로 17.5%, 3위 토코피디아(Tokopedia)가 197억 달러, 14.2%를 차지했다. 틱톡샵은 193억 달러, 13.9%로 빠르게 라자다와 토코피디아를 추격하고 있는 추세다. 토코피디아 인수 후 동남아 시장에서 틱톡샵의 존재감이 더욱 커져가고 있다. 2021년 12월 이후 틱톡샵의 직원 수가 점차 증가해 2024년 상반기 기준 8,000명이 넘는다. 반면 쇼피와 라자다 등 플랫폼의 경우 직원 수가 점차 하락하고 있는 추세다.

2023년 기준 미국·영국 시장 매출액은 약 19억 5,000만 달러인 가운데 인도네시아·태국·필리핀·베트남·말레이시아 동남아 5개국 매출액이 약 118억 6,000만 달러로 전체 매출액의 거의 60%를 차지하고 있다. 틱톡샵의 국가별 매출액 순위(2023년 기준)를 살펴보면 인도네시아(1위)-태국(2위)-베트남(3위)-필리핀(4위)-말레이시아(5위)-미국(6위) 순이다. 틱톡샵은 2024년 GMV 목표를 전년 대비 150% 증가한 500억 달러로 잡고 있다. 그중 미국 시장은 전년 대비 거의 10배 증가한 175억 달러를 목표로 제시하고 있다. 틱톡샵은 충동 소비를 하지 않는 북미 시장 소비자의 특징을 고려해 북미 시장 맞춤형 라이브 커머스 공간을 더욱 확대함으로써 매출액을 증가시키겠다는 전략이다.

인도네시아는 자국의 전자상거래 시장을 틱톡샵이 집어삼켰다며 추방을 명령했다. 2023년 9월 인터넷 쇼핑몰에 관한 규칙을 개정해 소셜미디어상 제품 판매를 금지했다. 소셜미디어 내에서 이커머스 서비스 제공을 금지한다는 것이었다. 그러나 인도네시아 정부의 이런 규제에도 불구하고 틱톡은 인도네시아 최대 이커머스 기업인 토코피디아를 약 15억 달러(1조 9,766억 원)에 인수함으로써 틱톡샵을 다시 진출시키고자 했고, 여전히 인도네시아가 틱톡샵의 1위 시장으로 자리 잡고 있다.

그러나 2023년 9월 틱톡샵의 미국 서비스가 시작되면서 미국 시장 매출액이 급증하는 추세다. 서비스를 시작하고 난 후, 첫 블랙프라이데이 쇼핑 시즌인 2023년 11월에 500만 명이 넘는 신규 미국 가입자가 상품을 구매하면서 빠르게 미국 시장에서 성장하고 있다.

글로벌 데이터 분석 업체인 디멘드세이지 자료에 의하면, 2023년 미국 내 월간 활성 사용자 수가 1억 6,000만 명으로 미국 인구의 45%를 차지하고 있고, 이 중 65%에 해당하는 미국인이 매일 틱톡을 방문하고 있다.

블룸버그통신에 따르면, 틱톡샵의 2024년 글로벌 매출액은 500억 달러로 전망되며 전체 매출의 3분의 1 이상인 175억 달러가 미국에서 나올 것으로 전망한다. 이를 토대로 틱톡샵은 2024년 브라질·호주·이탈리아·프랑스·독일·캐나다·스페인·일본·한국 등 9개국으로

## 쇼퍼테인먼트 국가별 시장 규모와 잠재력

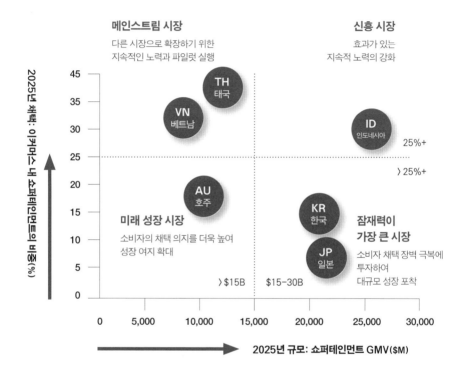

출처: TikTok 의뢰로 BCG가 실시한 커머스의 미래 연구.
2022년 4월 인도·태국·베트남·일본·한국·호주에서 실시.

서비스를 확대한다는 전략이다.

한국의 경우 2023년 12월 틱톡샵 상표를 이미 출원한 상태로 현재 판매사를 위한 보관·포장 물류·배송·결제 등 풀필먼트 서비스를 제공하는 '풀필드 바이 틱톡(Fulfilled by Tictok)'을 구축하면서 한국 사업을 위한 막바지 단계에 들어간 상태다.

틱톡샵은 알리익스프레스와 테무, 쉬인의 C-커머스에 대한 부정적 여론이 확산되는 시점에서 적당한 진출 시기를 보고 있을 것이다. '쏟아지는 소나기를 피하자' 전략으로 시장 진출을 위한 숨 고르기를 하고 있는 것으로 보인다.

틱톡의 의뢰로 조사한 연구 보고서에 의하면, 쇼퍼테인먼트 국가별 시장 규모와 잠재력에서 한국은 매우 중요한 시장이다. 미래 성장 시장으로 호주를 선정했고, 장차 잠재력이 가장 큰 시장으로 한국과 일본을 보고 있기 때문이다.

### 둘째, 국가마다 다른 운영 방식

틱톡샵의 플랫폼비즈니스운영방식은 크게 브랜드사가 직접 운영하는 방식(自營模式)과 플랫폼이 판매사를 대신한 완전위탁운영관리 방식(全托管模式)으로 나누어진다. 예컨대 아모레퍼시픽이 미국 내 틱톡샵에 입점해 라네즈 등 브랜드숍을 운영하는 형태가 직접 운영하는 방식이다.

현재 국가별로 직접운영방식과 완전위탁운영관리방식이 조금씩 다르다. 한 예로, 미국·영국은 직접운영방식과 완전위탁방식으로 현지 판매자와 중국 판매사가 동시에 입점한다. 인도네시아는 현지 판매사 중심의 직접운영방식을 따르고, 베트남은 현지와 중국 판매사가 직접운영방식으로 동시 입점하는 등 국가별로 서로 다른 시스템을 운영하고 있다.

알리익스프레스, 테무와 비교하면 판매사가 직접 운영하는 방식의 비중이 높다고 볼 수 있다. 직접운영방식으로 입점한 판매사도 중국 및 해당 국가 판매사로 구분되는데 틱톡샵은 해당 국가 판매사들의 입점을 적극적으로 확대해 나가겠다는 방침이다. 2024년 1~2월 기준 틱톡샵의 미국 내 일일 거래액이 2,000만 달러로, 80% 이상이 미국 현지 판매자가 입점한 상점에서 발생한다. 따라서 틱톡샵은 미국 현지 판매자의 입점 문턱을 매우 높이며, 영상 콘텐츠와 상품의 질을 높인다는 전략이다.

미국 현지인이 틱톡샵에 입점하기 위해서는 반드시 미국 사회보장번호(SSN)가 있거나 아마존에서 200만 달러를 거래한 실적이 있어야 가능하다. 특히 최근 미국 내 틱톡에 대한 규제가 더욱 강화되면서 틱톡샵은 현지 본토 판매자의 입점 심사도 더 까다롭게 진행하고 속도 조절에 나서는 분위기다. 또한 아마존의 상품 수수료가 15%인 반면 틱톡샵은 8%이다. 초기에는 2% 수수료로 매우 저렴한 편이었으나, 최근 인상되었다. 그럼에도 여전히 미국 많은 현지 판매자가 틱톡샵에 상점 개설을 희망하고 있다.

틱톡샵은 미국 및 유럽 국가들이 틱톡을 통해 가입된 자국 소비자의 개인정보가 중국 공산당으로 흘러간다는 우려를 불식시키기 위해 다양한 탈중국화 노력을 하고 있다. 따라서 틱톡샵은 가능한 현지 판매자의 입점을 적극적으로 지원하고 가격보다 상품 품질에 더 중점을 두고 있다. 이는 틱톡의 정보 유출 가능성에 대해 해당 국가의 우려가 증폭되지 않게 하고, 다른 직구 플랫폼처럼 초저가 경쟁력을 갖기보다는 틱토커(틱톡 인플루언서)의 영향력으로 물건을 판매하는 틱톡 특유의 플랫폼으로 최적화한다는 것이다.

현재 틱톡샵에 입점해 있는 판매사도 점차 늘어나는 추세로 인도네시아(20만 개), 베트남(18만 개) 대비 미국 틱톡샵에 입점한 중국 및 미국 판매사가 약 20만 개에 이른다.

### 셋째, 특정 제품 카테고리의 매출 비중이 크다

매출액 비중이 높은 제품군들은 국가별로 조금 상이하지만 대체적으로 핵심 카테고리 영역으로 수렴되고 있음을 알 수 있다. 국가별 틱톡샵 매출액을 기준으로 살펴보자면, 뷰티·여성 의류·언더웨어·백팩·신발류와 같은 일상 생활 용품과 식음료 등이 매출 비중이 큰 편에 속한다.

알리익스프레스와 테무는 10~20대의 의류, 잡화 제품과 40~50대의 아웃도어, 생활 공산품 분야의 초저가 제품이 높은 매출을 보이는 반면, 틱톡샵은 5~6가지 카테고리 영역이 높은 매출 비중을 차지하고 있다.

베트남의 경우는 여성 의류, 언더웨어가 가장 많이 팔리는 품목으로 베트남 틱톡샵에 여성 의류, 언더웨어를 판매하는 셀러만 5만여 명에 달할 정도다. 한편 인도네시아와 말레이시아는 무슬림 종교의 특성을 고스란히 반영해 히잡, 아바야 등 무슬림 전통의상 매출이 높게 나타나고 있다.

무엇보다 틱톡샵의 글로벌 매출액 중 가장 큰 비중을 차지하고 있는 제품은 기초 및 기능성 화장품 등 뷰티 제품 영역이다. 틱톡샵 입장에서 한국 시장 진출을 반드시 해야 하는 이유도 여기에 있다. 틱톡샵에 입점한 판매사들의 매출 방식 비중을 보면 왕홍(인플루언서), 틱톡커의 라이브 커머스가 65%, 숏폼을 통한 흥미 커머스가 35% 정도 차지하고 있다. 2023년 틱톡샵의 미국 시장 전체 매출 중 20%에 해당되는 5억 달러가 라이브 커머스를 통해 달성했다.

틱톡샵의 한국 서비스가 가시화되면 네이버, 11번가 등 국내 플랫폼에 입점한 판매사들이 대거 이동을 시작할 것으로 보인다. 국내 플랫폼에 입점해 있는 대략 50만 개 이상의 판매사들이 틱톡샵으로 이동하게 된다면 틱톡샵과 국내 플랫폼과의 경쟁은 어쩔 수 없이 더욱 치열해질 것이다.

한편, 틱톡샵은 기존 플랫폼과 달리 우리가 역으로 글로벌 시장으로 나갈 수 있는 통로(역직구)가 될 수도 있다. 한국 틱톡샵은 알리익스프레스와 같이 중국과 한국의 판매자가 동시에 운영하는 방식이 될 것으로 보이는 만큼, 우리가 중국산 저가 제품 공세에 적극적으로 대응하면서 흥미와 콘텐츠 기반의 쇼퍼테인먼트인 틱톡샵을 어떻게 활용하고 접근하느냐에 따라 기회가 될 수도 있다.

만약 이러한 변화에 선제적으로 대응하지 않는다면 알리익스프레스, 테무, 쉬인에 이어 틱톡도 우리 산업계 생태계를 바꿀 또 다른 태풍의 눈이 될 것이다.

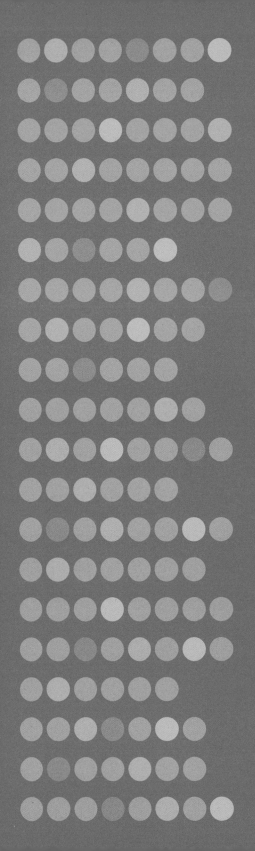

## 3장

★ ★ ★

# 미국과 중국의
# 새로운 경쟁이 시작되다

## 중국 이커머스 플랫폼 성장에 대한
## 미국의 규제와 반응

2024년 2월 11일 바이든 대통령이 미·중 간 데이터 안보의 중심에 서 있는 중국 숏폼 플랫폼인 틱톡에 등장해 화제가 되었다. 틱톡 사용자 다수가 민주당의 핵심 지지층인 젊은 세대임을 감안한 전략으로 조회수 780만 건을 넘기며 지지율 상승을 호소한 것이다.

### 틱톡에 등장한 바이든 대통령

미국 정치 매체 신문 〈폴리티코〉는 "바이든 대통령이 민주당 지지
층의 핵심인 젊은 세대의 지지 기반을 구축하기 위해 틱톡 계정을 했
을 것"으로 분석했다. 바이든 대통령은 미국 최대 스포츠 이벤트인 미
국 프로풋볼리그(NFL) 슈퍼볼이 열린 2024년 2월에 틱톡 계정을 개
설했다. 그리고 첫 번째 게시물로 프로풋볼과 관련한 질의 응답으로
시작되는 27초 분량의 영상을 공개하면서 이슈가 되었다. 바이든 대
통령은 틱톡 영상에서 필라델피아 이글스 팬이라고 말했고, 우승 전
망에 대한 질문에는 즉답을 회피했다.

다음 영상에서는 눈에서 레이저를 내뿜는 바이든 대통령을 상징하
는 캐릭터인 '다크 브랜던(Dark Brandon)'이 등장했다. 다크 브랜던은
연약한 바이든 대통령의 본캐(본래 캐릭터)를 완전히 바꾼 부캐(서브 캐
릭터)로, 근육질 몸매의 히어로 이미지를 대중들에게 부각시키기 위해
생겨난 것이다. 재미있게도 원래 다크 브랜던은 바이든 대통령을 폄
하하고 비꼬기 위해 공화당 진영에서 만든 표현이지만 민주당은 이를
역으로 선거 유세 캐릭터로 활용한 것이다. 결국 연로하고 약해 보인
다는 대중의 이미지와 반대되는 강한 이미지를 젊은 유권자들에게 강
조하기 위해 만든 틱톡 영상인 것이다.

바이든 행정부가 연방 정부 내 모든 IT기기에서 틱톡 사용을 금
지한 상황에서 민주당·공화당은 모두 바이든의 틱톡 영상에 대해 우려
와 비판의 목소리를 냈다. 공화당 소속의 하원 중국특위 위원장은 '젊
은 유권자들에게 지지를 호소하는 것보다 국가 안보가 더 큰 일'이라
고 강조했고, 하원 중국특위 민주당 간사도 우려를 표시하며 틱톡 금

지 필요성을 지적했다. 민주당 소속의 상원 정보위원장도 '연방 정부의 틱톡 사용을 금지한 상황에서 바이든의 틱톡 영상은 정말 수치스럽다'는 반응을 보였다. 당시 2024년 11월 미국 대선의 낮은 지지율로 고민하고 있는 민주당 선거 캠프의 고육지책이었다.

## 트럼프도 틱톡을 품었다

과거에 틱톡을 금지하려 했던 공화당 대선 후보인 트럼트 전 대통령도 틱톡 홍보에 적극적으로 나서고 있다. 지난 2020년 트럼프는 국가 안보 위협 가능성을 이유로 틱톡, 위챗 사용과 중국 앱 거래를 금지하는 행정명령을 내렸다. 역시 결국 젊은 선거 유권자를 끌어들이기 위한 고육지책이었을 것이다. 2024년 6월 2일 트럼프는 틱톡 계정(@realDonaldTrump)을 개설했고, 첫 번째 게시물을 올렸다. 13초짜리 틱톡 영상에 지난 2024년 6월 1일 미국 뉴저지주 뉴어크에서 열린 이종격투기(UFC) 경기 행사에서 사람들의 환영을 받으며 손을 흔드는 트럼프의 모습이 나왔다.

틱톡 영상 초반부 데이나 화이트 UFC 최고경영자(CEO)가 "대통령이 지금 틱톡에 등장했다"고 소개하자 트럼프 전 대통령은 "영광이다(It's my honor)"라고 말했다. 이 첫 번째 틱톡 영상은 게시된 후 하루 만(6월 2일)에 4,000만 조회수를 넘겼고, 두 달이 지난 8월 2일 기준 1억 6,700만 조회수를 넘기며 30만 명이 댓글을 남길 정도로 인기가 높았다. 트럼프 틱톡 계정 팔로워 수도 첫날 220만 명에서 나흘 만에 540만 명 그리고 두 달 만에 거의 1,000만 명으로 늘어났다.

## 도널드 트럼프 틱톡 계정(2024년 8월 9일 기준)

## 도널드 트럼프 첫 번째 틱톡 영상

트럼프가 기존 입장을 바꿔 틱톡 계정을 개설하고, 틱톡 사용을 '영광'이라고 하는 데는 그만한 이유가 있다. 첫째는 젊은 지지자의 표심을 얻고자 하는 것이고, 둘째는 틱톡의 경쟁사인 페이스북 모회사 메타와 감정의 골이 깊기 때문이다. 메타는 2021년 1월 6일 미 의회 폭동 이후 2년간 트럼프 전 대통령의 페이스북과 인스타그램 계정을 정지시킨 바 있다. 그 이후 트럼프는 페이스북을 '국민의 적'으로 표현하는 등 불편한 심정을 숨기지 않았다.

페이스북과 인스타그램 계정이 정지된 후 자체 창업한 사회 관계망 서비스(SNS)인 트루스 소셜을 이용해 오고 있다. 2024년 7월 16일 트럼프 전 대통령은 〈블룸버그 비즈니스위크〉와의 인터뷰에서도 '메타와의 경쟁이 필요하기 때문에 틱톡을 지지한다.'라고 대답한 바 있다.

셋째는 트럼프의 대선 선거 정치 후원 자금과 연결되어 있어서다. 공화당에 정치 자금을 후원하는 단체 및 개인 중 대표적인 인물이 바로 '제프 야스(Jeffrey S. Yass)'다. 제프 야스는 2012년 틱톡의 모회사인 바이트댄스 지분의 약 15%을 사들인 미국 사모펀드 투자자이자 벤처 캐피털인 서스퀘하나 인터내셔널 그룹(SIG, Susquehanna International Group)의 창업자다. 대선 정치 자금이 필요한 트럼프 입장에서는 제프 야스의 정치 자금이 필요할 수밖에 없다.

특히 바이든이 민주당 대선 후보를 포기하고 해리스 부통령이 후보로 공식화되면서 해리스의 정치 후원금이 트럼프보다 배 이상 많을 정도로 증가하고 있는 상황이라 더욱 그렇다. 민주당 대선 후보인 해리스 부통령이 일주일 만에 모은 후원금이 2억 달러 이상으로 민주당

은 2024년 7월 기준 총 3억 7,700만 달러를 보유했다. 반면, 트럼프
는 펜실베이니아 유세장 피격 사건에도 불구하고 7월 한 달 간 모금
액이 1억 3,870만 달러밖에 되지 않아, 총 3억 2,700만 달러의 선거
후원 자금을 모은 해리스 부통령에 비해 뒤처져 있었다. 미국 대선 선
거는 '합법화된 부패'라는 말이 나올 정도로 엄청난 선거 자금이 들어
가는 돈의 전쟁일 수밖에 없다.

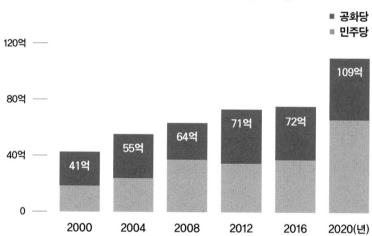

미국 대통령 선거 자금 지출 총액(단위: $)

출처: opensecrets.org

큰손 기부자와 소액 기부자 대부분이 트럼프 측에 정치 자금 후원을 머뭇거리고 있는 것이다. 민주당 내부에서는 선거 자금에 쪼들리는 트럼프를 조롱하며 "빈털터리 트럼프(broke Don)"라고 부르기도 한다. 트럼프에게 제프 야스가 더욱 필요할 수밖에 없는 것이다.

제프 야스는 지난 10여 년간 보수 경제 단체인 '성장을 위한 클럽(Club for Growth)'에 6,100만 달러(약 799억 원)를 정치 후원금으로 기부한 바 있다. 미국의 경제 전문지 〈포브스〉와 〈블룸버그〉가 발표한 2024년 세계 부자 순위(The World's Billionaries)에서 그가 64위를 차지할 정도로 미국 정계 및 월가에서 영향력이 큰 인물로 알려져 있다.

그는 1987년 서스퀘하나 인터내셔널 그룹을 설립한 후 2023년 기준 5,000억 달러 이상의 가치로 회사를 키운 월가의 대표적인 친중파 인물 중 한 명이다. 중국 경제가 급격히 성장하던 2005년부터 중국 투자를 적극 추진하면서 엄청난 부를 축적한 미국 월가의 대표적 투자자라고 볼 수 있다.

제프 야스는 2005년 이후 20년간 350개가 넘는 중국 혁신 및 스타트 기업에 총 35억 달러 이상을 투자했다. 그중 대표적인 성공 투자가 바로 틱톡의 모회사인 바이트댄스다. 신의 한 수였던 셈이다. 2012년 투자자를 구하지 못해 자금난에 시달리고 있던 바이트댄스 CEO인 장이밍에게 처음에 8만 달러 그리고 얼마 지나지 않아 200만 달러 등 약 500만 달러를 투자하게 되었고, 틱톡의 중국판이자 글로벌 최초의 숏폼 플랫폼인 도우인(抖音)이 대박을 터트리게 되었다. 현재 제프 야스가 소유한 바이트댄스의 15% 지분을 현금화할 경우 대략 400억 달러로 평가되고 있다. 그가 미국 내 틱톡 금지를 막아야 하는 이유가 바로 여기에 있다.

2018년부터 미국의 대중국 제재가 심화되면서 AI, 반도체 등 중국 첨단 산업에 대한 투자가 어렵게 되었고, 중국에 투자한 사업을 정리하라는 미 의회의 압박이 더해지면서 제프 야스는 2023년부터 세쿼이아 캐피털과 GCV 캐피털 2개의 사업군으로 분할해 중국 사업을 운영하고 있다. 이와 동시에 막대한 정치 자본력을 바탕으로 틱톡 금지에 반대하는 상하원의원에 대한 정치 기부를 늘리고 있는 상황이다. 틱톡 규제 법안이 하원을 통과할 때도 반대표를 던진 공화당 의원 15명 가운데 절반 이상에게 가장 많은 금액을 기부한 곳이 바로 제프 야스의 서스쿼하나 인터내셔널 그룹이었다. 틱톡이 미국에서 매각되면 그는 엄청난 손실을 보게 될 것이고, 결국 트럼프의 중요한 정치 후원금도 줄어들 수밖에 없다.

2024년 상반기 기준 유타, 메릴랜드 등 미국 30여 개 주정부 산하 모든 IT기기에서 틱톡 사용을 금지하고 있고, 20개 이상의 공립대학에서도 교내 와이파이로는 틱톡 앱에 접근할 수 없다. 그럼에도 틱톡의 미국 내 성장세는 매우 빠르다. 2017년 9월 출시된 이후 세계적으로 40억 회 이상 다운로드 되었고, 특히 미국 내 사용자가 전체 인구(약 3억 4,000만 명)의 50%인 약 1억 7,000만 명을 차지한다. 적어도 미국인의 3명 중 1명 이상은 틱톡을 사용하고 있는 것이다. 미국은 세계에서 가장 많이 틱톡을 사용하고 틱톡의 글로벌 광고 수익에 가장 많은 수익을 주는 국가다.

2023년부터 중국 이커머스 플랫폼들의 미국 시장 진출이 가속화되면서 미국의 고민은 깊어지고 있다. 특히 틱톡의 숏폼 콘텐츠에 커머스 기능이 합쳐진 흥미 커머스의 공습이 심상치 않다. 쇼핑 시즌인 2023년 11월에는 틱톡샵에서 500만 명이 넘는 미국 신규 고객이 물건을 구매했다. IT전문 기관인 테크크런치는 틱톡샵의 2024년 미국 매출액을 전년 대비 10배 성장한 175억 달러로 전망하고 있다.

한편, 초저가 경쟁력을 무기로 한 테무와 쉬인의 이용자 수도 급증해 이미 아마존의 90%에 육박하면서 미국 소비 유통 시장의 판을 뒤흔들고 있다. 2023년 미국 인플레이션으로 인해 Z세대를 중심으로 많은 사람들이 초저가 경쟁력을 갖춘 중국 직구 플랫폼으로 급격히 이동하고 있기 때문이다.

2023년 5월 CNBC가 미국 쇼핑 앱 다운로드 1위를 기록한 테무 플랫폼의 개인정보 유출 가능성이 제기된 상황에서도 글로벌 SEO 컨설팅 회사인 백링코(Backlinko) 자료에 의하면 테무는 2024년 4월 기준 전 세계적으로 1억 6,700만 명의 월간 활성 사용자 수를 보유하고 있다. 미국 내 월간 활성자 수만 보면 2023년 1분기 2,150만 명에서 2024년 1분기 5,040만 명으로 증가했으며, 이 기간 미국 성인 10명 중 거의 3명이 테무에서 쇼핑을 한 것으로 조사되었다.

2023년 기준 미국 내 저가 할인점 시장에서 달러제너럴(43%), 달러트리(28%)에 이어 테무가 17%의 시장 점유율을 기록하며 빠르게 성장하고 있는 추세다.

미국 정가에서는 중국 이커머스 플랫폼 경계령이 내려진 상태로,

성장세가 가장 빠른 쉬인이 미국 제재의 첫 번째 대상이 된다는 얘기도 흘러나온다. 중국판 유니클로로 불리는 패스트 패션 기업 쉬인은, AI에 기반한 트렌드 디자인과 Z세대 맞춤형 저가 경쟁력으로 미국 내 패스트 패션 시장 점유율 40%를 장악하고 있다.

틱톡을 중심으로 네 마리 용에 대한 미국의 반격이 미국과 중국 간 갈등 이슈로 부각될 가능성이 커지고 있다. 미국은 데이터 안보·인권 침해·노동자 착취·ESG경영(환경 파괴) 등 플랫폼별 각기 다른 제재와 규제로 반격할 것으로 전망된다. 그중 핵심은 결국 데이터 안보와 인권 침해, 덤핑 문제가 될 것이다.

## 개인정보가 중국으로 유출될 가능성

미·중 갈등의 가장 첨예한 문제로 떠오르는 것은 개인정보가 중국으로 유출될 가능성이다. 미국 정부는 국가 안보 차원에서 개인정보가 지속해서 유출될 가능성을 제기하며 압박할 것이다. 그중에서 눈에 띄는 것이 바로 '중국이 소유한 SNS 회사의 경우 미국 내 지분 매각, 사업 금지'라는 규제 방안이다. 네 마리 용(알테쉬톡)의 침입을 차단하고 규제하는 문제에 대해서는 민주당과 공화당 양당 모두 초당적 입장이다.

지난 2020년 8월 트럼프 대통령은 데이터 보안과 가짜뉴스 확산을 이유로 틱톡 사용을 금지하는 2건의 행정명령에 서명했다. 틱톡은 그에 반발해 소송을 제기했고 그 결과 미국 법원에서 '의회는 표현의 자유를 저해하는 어떠한 법률도 만들 수 없다'는 수정헌법 1조를 근

## 미국의 틱톡 금지 법안 일지

| | |
|---|---|
| 2012년 | 중국 바이트댄스 설립<br>국내 숏폼 플랫폼인 도우인 서비스 시작 |
| 2017년 | 해외 숏폼 플랫폼인 틱톡 서비스 시작 |
| 2019년 12월 | 미국 국방부 및 군인, 틱톡 사용 금지 |
| 2020년 8월 | 트럼프 대통령, 미국 내 틱톡 사용 금지 행정명령<br>네브래스카주, 주 정부 산하 모든 IT기기 틱톡 사용 금지 |
| 2021년 6월 | 바이든 대통령, 틱톡 사용 금지 행정명령 폐기 |
| 2022년 12월 | 의회 연방 정부 산하 모든 IT기기 틱톡 사용 금지 법안 통과<br>사우스다코다 등 14개 주 정부, 틱톡 사용 금지 |
| 2023년 2월 | 백악관 연방 정부 산하 모든 기관 전자장비시스템에서<br>틱톡 삭제 |
| 2023년 5월 | 미국 몬태나주 및 일부 서방국가들도 틱톡 금지 참여 |
| 2024년 3월 | 미 하원, 틱톡의 미국 내 유통 금지하는 '틱톡 금지 법안' 통과<br>(165일 내 매각) 찬성 352명, 반대 65명 |
| 2024년 4월 20일 | 미 하원, 틱톡 금지 수정 법안 통과(270일 내 매각)<br>찬성 360표, 반대 58표 |
| 2024년 4월 23일 | 미 상원, 틱톡 강제 매각 법안 통과 |
| 2024년 4월 24일 | 바이든 대통령, 틱톡 강제 매각 법안 서명 |
| 2024년 5월 | 바이트댄스, '틱톡 금지법' 미 정부 대상 소송 제기 |
| 2024년 9월 | 미국 워싱턴 DC 항소, 틱톡 측이 제기한 소송 구두변론 진행 |

거로 틱톡의 손을 들어줬다.

　하지만 미국 하원은 2024년 4월 20일, 중국 공산당에 의해 개인정보가 악용될 수 있다는 이유로 틱톡 금지 및 매각 법안 수정안을 통과시켰다. 상원에서도 사흘 후인 4월 23일 틱톡 강제 매각 법안이 포함된 130조 원 규모의 '21세기 힘을 통한 패키지 법안'을 통과시켰다. 그리고 바로 다음날인 4월 24일 바이든 대통령도 틱톡의 미국 사업권을 강제로 매각하는 법안인 '틱톡 금지법'에 서명했다. 그런데 흥미롭게도 기존 160일 내 강제 매각 법안이 270일로 연장되는 법안으로 수정되었고, 대통령 재량으로 1회 추가 90일 연장이 가능하도록 되었다. 틱톡 강제 매각 이슈로 인해 1억 7,000만 명의 미국 틱톡 가입자들이 반발하게 되면 미 대선 결과에 영향을 미칠 수 있기 때문에 그 부분에 대비한 포석이었던 것이다.

　수정 법안에 따르면 틱톡은 2025년 1월 19일까지 270일 내에 틱톡의 미국 사업을 매각해야 한다. 대통령의 재량에 따라 90일 기한 연장을 받을 수도 있지만, 그 기간 동안에 판매자를 찾지 못한다면 틱톡은 미국 내 앱스토어에서 영구적으로 퇴출된다.

　흥미로운 것은 틱톡 강제 매각 법안에 바이든 대통령이 서명했으면서도, 틱톡을 여전히 대선 선거용으로 활용했다는 점이다. 백악관 제이크 설리번 국가 안보보좌관도 "틱톡 강제 매각 법안의 조건은 분명하지만, 특정 시간이 지나거나 매각이 이루어질 때까지 계속해서 운영된다."고 언급했다. 치열한 선거 각축전이 벌어지고 있는 대선 선거에서 일단 이기고 보자는 속내다. 미국 내에서도 선거 목적으로 틱

톡을 사용하면서 틱톡을 금지하는 것은 위선이라는 비판이 쏟아지고
있다.

바이든 선거 캠프에서는 바이든 대통령에 대해 정보를 얻는 곳을
차단한다면 어리석은 행위라고 말했다. 국가 안보에 위협이 된다는
이유로 바이든 행정부에서 틱톡 사용 금지와 강제 매각을 진행하면
서, 정식 법 집행이 시행되기 전까지는 가능하다는 말은 맞지 않은 논
리다.

## 바이든 선거 캠프의 틱톡 계정

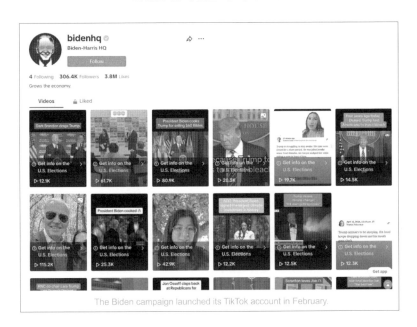

The Biden campaign launched its TikTok account in February.

예상했던 대로 미국 내 젊은 세대와 틱톡과 틱톡샵 플랫폼을 통해
비즈니스를 하고 있는 미국인들이 반발이 거세지고 있다. 미국시민자

유연맹도 성명에서 '틱톡 금지 법안이 플랫폼에 대한 정부의 과도한 통제의 사례가 될 것'이라고 우려를 표명하고 나섰다.

미국이 자국 안보에 위협이 된다는 근거로 든 것은 중국 국가정보법 7조다. 중국 국가정보법 7조는 '중국의 모든 조직과 국민은 중국의 정보 활동을 지지·지원·협력해야 한다'라고 명시되어 있다. 이는 중국 플랫폼은 자신이 갖고 있는 정보를 중국 정부가 요구할 때 제공해야 하는 법적 의무가 있다는 것을 의미한다.

**미국 내 틱톡 강제 매각 반대 시위 현장**

사진: 연합뉴스

미국 정부는 개인정보가 중국 정부에 언제든 넘어갈 수 있다는 불안감을 갖게 되고, 미국뿐만이 아니라 전 세계로 불안감이 확산되고 있는 상황이다. 틱톡을 미국 정가에서는 '모바일 정찰 풍선', '내 손 안의 정찰 풍선'이라고 부르는 이유다.

중국도 바로 반격에 나섰다. 중국은 애플 앱스토어에서 메타의 SNS 앱인 왓츠앱과 스레드 등 미국 관련 모바일 앱을 삭제하도록 지시했다. 해당 앱들은 원래부터 중국에서 만리방화벽 때문에 서비스가 불가능했지만, 가상사설망(VPN)을 사용해 우회적으로 사용하는 중국인들이 적지 않았다. 그러나 이제 그것도 중국 정부가 막겠다고 나선 것이다. 중국에서 왓츠앱 및 스레드를 삭제한 이유도 미국과 같이 중국의 국가 안보 차원에서다. 이미 중국은 2023년부터 정부 및 산하 기관 공무원들의 애플 아이폰 사용을 금지하고 있다.

또한 중국 정부는 틱톡 강제 매각법 등 대중국 제재 법안을 주도한 마이크 갤러거 전 미국 하원 미중전략경쟁특위 위원장에 대한 입국 거부 등의 제재 조치를 단행했다. 중국 외교부는 외교부령을 통해 "미국 위스콘신주 전직 연방의원 마이크 갤러거는 최근 빈번하게 중국 내정에 간섭하고, 중국의 주권과 영토 완전성을 훼손했으며, 중국의 이익을 침범하는 언행을 했다"며 2024년 5월 21일부터 제재를 시작한다고 밝혔다. 이번 조치로 인해 마이크 갤러거 전 위원장은 ▲ 비자 발급·입국 불허 ▲ 중국 내 동산·부동산과 기타 재산의 동결 ▲ 중국 내 기관·개인과의 업무 거래·협력 금지 조치를 시행했다.

공화당 소속으로 대표적인 대중 강경파인 갤러거 전 의원은 중국 바이오 기업을 견제하기 위한 '생물 보안법' 역시 직접 발의했다. 2024년 2월에는 중국의 강력한 반발에도 불구하고 위원장 자격으로 타이완을 방문하는 등 중국에는 눈엣가시 같은 존재였다.

초저가 공세로 알리익스프레스와 테무의 사용자가 각각 900만과 800만 명대로 급증한 상황에서 한국 역시 예외는 아니다. 중국 기업에 쌓인 개인정보가 중국 정부로 넘어가 경제적 또는 군사적 목적으로 사용될지도 모른다는 불안감에 싸여 있다.

2023년 하반기부터 알리익스프레스와 테무의 국내 공습이 가속화되자 2023년 10월 국정감사에서 중국 직구 서비스가 급증하며 생겨난 우리 국민의 개인정보 침해와 유출에 대한 우려가 제기되었다. 개인정보보호위원회는 바로 조사에 착수했고, 8개월이 넘게 조사를 진행하였다. 그리고 2024년 7월 25일 개인정보보호위원회는 개인정보 보호 법규를 위반한 알리익스프레스에 대해 19억 7,800만 원의 과징금과 780만 원의 과태료, 시정 명령, 개선 권고를 부과했다.

조사 결과 알리익스프레스는 중국 입점 판매자가 이용자에게 상품을 판매할 수 있도록 플랫폼을 제공한 뒤 상품 판매 금액의 일정 비율을 중개수수료로 받는 전형적인 오픈마켓 형태로 운영되고 있다고 밝혔다. 또한 국내 소비자가 상품을 구매하면 중국 판매자가 상품을 배송할 수 있도록 국내 이용자의 개인정보를 중국 판매자에게 제공했다는 조사 결과를 공개한 바 있다. 결국 그동안 알리익스프레스를 통해 국내 개인정보를 제공 받은 중국 판매자가 18만여 개에 이른다는 것이다.

개인정보보호위원회는 과징금 부과와 함께 알리익스프레스에게 ▲ '개인정보가 이전되는 국가', '개인정보를 이전받는 자의 성명(법인명) 및 연락처' 등 보호법에서 정한 사항을 이용자에게 고지 ▲ 회원

탈퇴 절차를 간소화 ▲ 계정 삭제 페이지의 영문 표시 행위의 시정 조치 ▲ 개인정보 처리의 투명성 요구 등 국내 개인정보법에 기반한 다양한 시정 권고 조치를 내렸다. 이와 함께 테무에 대해서는 미흡한 관련 자료 제출 보완 요구 등의 추가 조사를 통해 발표할 예정이라고 밝힌 바 있다.

이미 중국으로 넘어간 개인정보는 단순히 비즈니스 활용을 넘어 매우 다양하게 사용될 수 있다. 어떤 경로를 통해 중국 정부에 넘어갈지, 어떤 방식으로 데이터가 코딩되어 사용될지 아무도 알 수가 없기 때문이다. 미국을 포함해 캐나다·일본·한국 모두 추정 정황 근거만 있지 구체적인 근거와 자료가 없다.

현대의 개인정보는 단순히 이름, 성별, 나이 등만을 뜻하는 것이 아니다. 인터넷상으로 연결된 모든 활동의 흔적을 의미하는, 훨씬 더 포괄적인 개념이다. 빅데이터와 인공지능이 급속한 발전함에 따라 모든 기업은 개인의 생활과 소비 패턴, 정치 성향 등의 개인정보를 모두 파악하기 위해 총력을 기울이고 있다.

그런데 단순히 기업 차원이 아니라 어느 한 국가가 정부 차원에서 다른 나라 국민의 정보를 수집하고 활용한다면, 자칫 그 정보는 여론을 조작하고 사회를 선동하는 등 여러 안보적 위협을 가하는 데 악용될 수 있다. 그 부분이 지금 미국 정부가 주장하는 바이며, 전문가들도 우려하고 있는 부분이다.

기존의 다른 유통 플랫폼과는 달리, 알테쉬톡 현상에 대해 심각하게 바라보고 있는 점은 그들이 단순한 유통 플랫폼이 아니라는 데 있다. 사실상 빅데이터·AI·사물 인터넷·로봇 등을 움직이는 엄청나게 특화된 첨단 테크 기업이라는 데 있다. 오랜 시간 동안 쌓인 빅데이터로 다른 나라의 시장과 소비자에 대해 촘촘히 파악하게 되고, 그로 인해 한 나라의 경제가 타국에 편입될 수 있는 상황이 올 수도 있기 때문이다.

이런 상황에도 불구하고 미국의 젊은 세대와 기성 세대 간에는 확실한 시각차를 보이고 있고, "틱톡이 미국 안보에 위협적인가?"를 묻는 여론 조사에서도 그들은 상반된 반응을 보이고 있다. 2024년 3월 미국 CNBC가 미국인 1,001명을 대상으로 진행한 여론 조사 결과, 틱톡 매각 및 금지에 대한 찬성 비율이 47% 수준으로 반대가 더 많았다. 정치 성향에 따라 찬성 비율도 달라지고 있다. 조사 대상 중 공화당 성향은 60%가 찬성했고, 민주당 성향의 미국인들은 40% 정도가 찬성했다. 틱톡 금지 및 매각이 결코 쉽지 않다는 것을 시사하는 것이다.

틱톡 금지 법안 반대 소송에 대한 연방 법원의 최종 심의 결과에 관계없이, 2024년 11월 5일에 치러질 미국 대선 결과에 따라 틱톡의 운명도 험난한 곡예 운전을 해야 할지도 모른다. 만약 민주당의 해리스 부통령이 당선될 경우 바이든 행정부의 기존 방향에 따라 틱톡 사용 금지와 매각에 속도를 낼 가능성이 크다.

그러나 트럼프가 회귀할 경우 상황은 더욱 복잡해진다. 비록 선거 기간에 쓸 정치 자금이 필요한 트럼프 입장에서 틱톡 금지 법안의 반대 입장으로 선회했지만, 만약 재선될 경우 다시 틱톡 금지 입장으로 돌아갈 가능성을 배제할 수 없다. 무엇보다 공화당 내 반중 여론이 민주당보다 훨씬 강하게 작용하고 있기 때문에 당선된 후 틱톡에 대해 반대 입장을 보일 가능성이 매우 커 보인다.

미국 갤럽이 2024년 3월 18일 실시한 설문 조사 결과에 따르면 "미국의 가장 큰 적이 어느 나라라고 생각하느냐"는 질문에 응답자 중 가장 많은 41%의 응답자가 중국이라고 응답했다. 그러나 정당별로 그 차이가 확연히 드러났다. 민주당 지지층의 경우 중국을 최대 적으로 꼽은 비율이 18%밖에 되지 않았지만, 보수 정당인 공화당 지지층은 67%가 중국을 최대 적으로 꼽은 것이다. 결국 트럼프는 공화당 지지층을 등에 업고 틱톡 금지 법안을 더 강력히 요구할 수도 있다.

나아가 국가 안보·외교 정책·경제에 위협이 있을 때, 상대 국가에 경제 제재를 가할 수 있는 국제비상경제권한법(IEEPA)이 발동될 가능성도 배제할 수 없다. 국제비상경제권한법은 1977년 제정되었고 미국 국가 안보상 특별한 위협이 발생할 경우 미국 대통령이 상대국을 경제적으로 제재할 수 있는 권한을 부여한 법안이다. 따라서 미국 대통령은 이 법에 근거해 국가비상사태를 선포한 뒤 외환과 무역 거래 등을 차단할 수 있는 권한이 있다.

트럼프는 2019년 8월 23일 중국이 미국산 자동차에 25%, 원유와 콩 등 750억 달러어치 미국 제품에 10%와 5% 관세를 부과하겠다고 발표한 지 하루 만인 24일에 국제비상경제권한법을 언급할 정도로 이 법을 좋아하는 것으로 알려져 있다.

틱톡의 개인정보 유출은 미국뿐만 아니라 캐나다·유럽·일본 등 국가에서도 이슈화되고 있다. 캐나다는 틱톡의 데이터 수집 방식에 문제점이 있음을 지적하며 2023년 2월 정부에 등록된 모든 기기와 공무원들에게 틱톡 사용을 금지시킨 바 있다.

일본도 정부 공용 전자 기기와 기밀정보를 취급하는 공무원들에게 틱톡 사용을 금지시키고 있다. 유럽연합 집행위원회도 2023년 2월부터 집행위원회에 등록된 개인 및 업무용 휴대용 기기에서 틱톡 사용을 금지했다.

### '알테쉬'에 대한 규제도 본격화

틱톡만이 문제는 아니다. 최근 테무도 데이터 유출 가능성이 부각되면서 미국을 포함한 서방 세계가 주목하고 있는 상황이다.

2024년 5월 2일 호주전략정책연구소(ASPI)가 발행한 총 52페이지 분량의 보고서가 발단이 되었다. '중국 특색의 진실과 현실(Truth and reality with Chinese characteristics)'이라는 대제목 아래 '중국 공산당 정보 캠페인을 가능하게 하는 선동 시스템의 구성 요소(The building blocks of the propaganda system enabling CCP information campaigns)'라는 소제목이 붙은 보고서다. 보고서의 핵심 내용은 중국 공산당이 전 세계적으로 문화·기술·경제·군사적인 영향력을 강화하기 위해 광범위하고 다양한 채널을 동원해 전 세계인들의 데이터를 수집하고 있다는 것이다.

호주전략정책연구소는 2001년 호주 정부가 설립한 경제 및 국가 안보 정책 싱크탱크로 대부분의 운영 자금은 국방부로부터 지원을 받고 있다. 최근 중국, 사이버, 첨단 기술 등의 분야에서 심도 깊은 보고서를 발표하면서 국제적인 영향력을 키워가고 있는 국책 연구소라 이번 '중국 특색의 진실과 현실' 보고서가 가지는 의미가 남다를 수밖에 없다.

보고서에 따르면, 중국 선전 기관은 외국에서 영업하는 전자상거래·게임·가상현실·문화 콘텐츠 등 여러 업종의 중국 기업들과 긴밀한 협력 관계를 구축해 정보를 입수하고 있다고 설명하고 있다. 대표적인 사례로 테무 앱을 통해 가입한 미국인들의 정보가 중국 공산당으로 흘러가고 있다는 경우를 든다. 1억 명 이상의 미국 사용자를 보유한 테무와 중국 공산당 기관지인 인민일보 미디어 그룹 간의 계약 관련 내용도 언급되어 있다. 테무의 모회사인 핀둬둬가 인민일보 계열의 데이터 관리 회사인 인민데이터베이스(人民數据)와 파트너십을 맺고 있다는 것이다.

상황을 추론해 보면, 중국은 긍정적인 정보를 홍보하고 선전함과 동시에 비판 여론을 통제하면서 중국에 대한 우호적인 여론을 조성하기 위해 선전, 선동 전략을 강화해 가고 있다. 바로 그 중심에서 인민일보와 온라인 매체인 인민망 등을 보유하고 있는 인민일보 미디어 그룹이 있는데 산하 기업인 인민데이터베이스가 핀둬둬와 협력 파트너십을 가지고 있으니 테무를 통해 수집된 정보가 자연스럽게 인민데이터베이스로 들어가고, 이렇게 수집된 정보는 다시 인민일보를 통해 중국 공산당에 전달된다는 의미다.

보고서는 인민데이터베이스가 2018년 설립된 후 당정 기관과 국영 기업뿐만 아니라 민영 기업과의 협력을 통해 전 세계 182개 국가와 42개 언어에 걸쳐 약 50만 개의 정보 소스를 결합해 해외 데이터를 운영하고 있다고 설명하고 있다. 짧은 시간에 이렇게 많은 해외 데이터를 축적할 수 있었던 것은 바로 테무의 모회사인 핀둬둬와의 협력 관계 때문이라고 보고 있는 것이다. 인민데이터베이스는 핀둬둬뿐만 아니라 중국 최대 차량 공유 업체인 디디추싱, 항공사인 에어차이나 등과도 파트너십을 통해 데이터를 수집하고 있다고 설명하고 있다.

무엇보다 테무 플랫폼이 미국에 타기팅되어 생겨났다는 점에 주목할 필요가 있다. 테무가 2022년 9월 서비스를 시작하고, 미국 내 테무 플랫폼 사용자가 1억 명을 넘어섰다. 미국이 결코 가만있을 리 없다. 미국 〈워싱턴포스트〉지가 호주전략정책연구소 보고서 내용을 소개하자, 미 의회에서 틱톡과 마찬가지로 테무에 대해서도 규제의 목소리를 높이고 있는 상황이다.

테무가 가장 공을 들이고 있는 미국에서 자신들에 대한 이슈가 커지자 핀둬둬와 테무는 모두 적극 부인하고 나섰다. 테무는 "미국 사용자의 정보가 중국에 유출되지 않으며, 현재 마이크로소프트의 클라우드 서비스에 사용자의 데이터를 저장"하며 "인민데이터베이스와도 아무런 관계가 없다."고 반박했다. 핀둬둬도 "인민데이터베이스와 개인 정보 데이터를 공유하는 계약을 맺지 않았고, 단지 기업 관련 콘텐츠 배포 등에 관한 협력을 진행하는 수준이다."라고 적극 해명하고 나선 상태다.

결론은 여전히 주관적인 정황은 있는데, 확실하고 객관적인 증거는 없다는 것이다. 미국 내 테무의 운명도 결국 2024년 11월 미 대선 결과에 의해 달라질 수 있다. 틱톡 강제 매각 등 미국 내 중국 직구 플랫폼에 대한 규제가 더욱 가시화되면서, 중국 이커머스 플랫폼 규제 논의도 결국 지정학·지경학적 관점에서 전개될 것이다.

2023년 3월 구글은 악성 소프트웨어 감지를 이유로 테무의 모회사인 핀둬둬 앱 다운로드를 중단시켰다. 향후 중국산 제품의 수입 및 공급 관리, 이커머스 기업의 데이터 보안 취약성을 겨냥한 규제 정책이 발표될 가능성이 높다.

틱톡과 테무의 개인정보 유출 문제는 더 확산될 것으로 전망된다. 또한 쉬인 및 알리익스프레스도 앱 다운로드 수가 급증하면서 데이터 안보 문제에서 결코 자유로울 수 없을 것으로 전망된다. 데이터를 둘러싼 미중간 대립은 앞으로 더욱 확대될 것이다. 사실 데이터 유출과 안보 문제는 미국에만 국한된 사안이 아니다. 모든 나라에 해당하는 문제다.

## 중국 내의 인권 침해와 노동 착취 이슈

미국은 인권 침해와 덤핑 문제를 부각하며 중국에 대한 압박 강도를 높여 갈 것이다. 인권 침해 문제에서 가장 선두에 있는 기업이 바로 쉬인과 테무다.

2022년 하반기부터 쉬인과 테무의 미국에 대한 공습이 시작되자 미 의회가 발 빠르게 움직이기 시작했다. 2023년 2월 빌 캐시디 공화당 상원의원, 엘리자베스 워런, 셸던 화이트하우스 민주당 상원의원 등이 쉬인 CEO에게 신장 위구르 자치구 면화 조달 관련 정보를 요청하는 서한을 발송한 바 있다. 서한 내용은 신장 위구르 지역의 면직물 생산이 중국 전체 면화 생산량의 85% 이상을 차지한다고 지적하면서, 쉬인의 대규모 분산 공급 업체 네트워크를 고려했을 경우 신장 위구르에서 강제 노동으로 수확된 면화가 쉬인 의류 제조 생태계에 유입되어 사용될 수 있으니 이에 대한 정보를 제공해 달라는 것이다.

한편, 미국 패션 의류 시장에 대한 중국 이커머스 플랫폼의 공습이 더욱 심화되면서 쉬인과 테무 제재의 필요성을 제기한 3개 기관의 보고서가 발표되었고, 미국 내 중국 이커머스 경계령이 내려졌다.

첫 번째 보고서는 2023년 4월 11일 미국 의회의 초당적 기구인 의회·행정부 중국위원회(CECC, The Congressional-Executive Commission on China) 소속 4명의 연방 의원이 작성한 보고서로, 2022년 6월 시행된 '위구르 강제노동방지법(UFLPA)'의 집행 허점을 지적하고 있다. 위구르 강제노동방지법은 중국 신장 위구르 자치구에서 생산된 제품과 미국이 지정한 특정 단체 및 기업이 생산한 제품을 강제 노동에 의해 생산된 것으로 추정하고 미국 내 수입을 원천적으로 금지하는 법안이다. 중국위원회 소속 4명의 연방 의원이 작성한 이 보고서에서 위그루 강제노동방지법의 대표적인 사례로 쉬인과 테무를 거론하면서 규제 강화의 필요성을 강조했다.

두 번째는 2023년 4월 14일 미국 의회 산하 미·중 경제안보평가위원회(USCC, US and China Economic and Security Review Commission)

가 쉬인, 테무 및 중국 이커머스 플랫폼의 잠재적인 경제 안보 이슈를 검토한 보고서(Shein, Temu, and Chinese e-Commerce: Data Risks, Sour-cing Violations and Trade Loopholes)를 발표하며 중국 이커머스 플랫폼에 대한 규제 강화 필요성을 주장했다. 미·중 경제안보평가위원회의 이슈 보고서는 단순히 위구르 강제노동방지법의 위법 행위를 넘어 쉬인과 테무에 의한 미국 소비자의 데이터 리스크, 지재권 침해, 관세 등 다양한 문제점을 적시하고 있다. 위 2개 보고서의 공통점은 B2C 소액거래 제품의 통관 조사가 미비한 점을 이용해 위구르 강제노동방지법에 저촉되는 의류 제품을 판매하고 있다는 것이다.

세 번째로 2023년 6월 22일 중국 공산당 하원 특별위원회(The House Select Committee on the Chinese Communist Party)는 위구르 강제노동방지법 준수와 관련해 중국 패스트 패션 플랫폼에 대한 조사를 착수했으며, 조사 결과를 바탕으로 〈패스트 패션과 위구르인의 대량학살(Fast Fashion and the Uyghur Genocide : Interim Findings)〉이라는 중간보고서를 발간했다. 중간보고서에서는 중국 이커머스 플랫폼들의 소액 면세를 남용해 미국인들의 일자리가 줄어들고, 신장 위구르 강제 노동을 사용한 중국 플랫폼들만 혜택을 받았다고 지적했다. 또한 2022년 기준 미국으로 배송되는 800달러 이하 소액 면세 물품이 6억 8,500만 건으로 그중 30%가 테무와 쉬인으로부터 수입되었다고 주장했다. 보고서는 이 플랫폼들이 미국 위구르 강제노동방지법을 준수할 수 있도록 실질적이고 구체적인 조치를 취해야 한다고 강조하고 있다.

테무와 쉬인의 인권 침해와 노동자 착취 문제는 여전히 진행형이다. 미국은 2021년 위구르 강제 노동 및 수용소와 관련된 중국 신장 지역으로부터 수입을 금지했다. 2022년 블룸버그 보고서에 따르면 쉬인의 일부 제품이 이 지역의 면화를 사용한 것으로 밝혀졌다. 쉬인은 면화의 약 2.1%가 중국 북서부 지역 또는 일부 '승인되지 않은' 장소에서 공급된다고 해명한 바 있다.

미 하원은 노동자 착취, 인권 침해 문제를 이유로 쉬인 제재 가능성을 지속적으로 제기하면서 중국 직구 플랫폼을 압박하고 있다. 앞서 이야기한 미국 의회 및 행정부 중국위원회는 쉬인과 테무에 대해 위구르 강제노동방지법 위반 여부를 조사하고 있다.

위구르 강제노동방지법 법안에서는 의류 완성품뿐만 아니라 생산 과정에서 신장 위구르의 원료, 반제품, 노동력을 '부분적으로' 활용한 상품도 수입 제한 대상으로 규정하고 있다. 따라서 쉬인이나 테무에서 판매되는 의류 및 신발 제품에 대한 규제가 가시화될 수 있다. 2024년 5월 바이든 행정부는 신장 위구르 지역에서 생산된 원료, 반제품, 노동력을 부분적으로 활용한 중국 섬유 업체 26곳을 위구르족 강제노동방지법에 의해 수입 제한 대상 기업으로 지정했다. 이로써 면화, 태양광 등 65개 중국 기업이 미국 제재 대상에 포함되었다.

미 국토안보부(DHS) 또한 신장 지역의 강제 노동과 관련된 기업 목록을 작성 중이고, 그 결과에 따라 바로 제재에 들어갈 것이라고 언급한 바 있다. 블레인 루트커마이어 하원의원을 중심으로 공화당 소속 의원들은 이미 국토안보부와 바이든 행정부에 쉬인과 테무를 위구르 강제노동방지법 위반 명단에 올려야 한다고 주장하고 있다. 만약 테무와 쉬인이 위반 명단에 오르면 가장 공을 들이고 있는 미국 사업을 접을 수도 있는 상황이다. 미 의회와 행정부의 쉬인과 테무에 대한 규제가 더욱 가시화되면서 중국 직구 플랫폼에 대한 영향은 불가피해 보인다.

특히 오랜 기간 미국 뉴욕거래소 IPO를 준비 중인 쉬인은 매우 난처한 상황에 처해 있다. 쉬인은 2023년 5월 미국 증시 상장을 위한 투자금 모집 당시 기업 가치를 660억 달러로 평가받았고, 11월 비공개로 미국 증시 상장을 신청했다.

생산 공급망에서 중국 노동자들의 강제 노동이 없다는 점을 증명할 수 있는 확실한 증거를 제출하지 않을 경우 미국 증권거래위원회 (SEC)는 쉬인에게 미국 내 IPO를 허가하기 어려울 수 있다고 밝힌 바 있다. 쉬인에 대한 기업 감사를 강력하게 요구하고 있는 25명의 공화당과 민주당 의원은 신장 지역의 강제 노동을 통해 생산된 제품을 사용하지 않았다는 증거가 확인되지 않을 경우 쉬인은 뉴욕거래소에 상장하기 힘들 것이라고 으름장을 놓은 상태다.

미국 자본 시장으로 진출하는 데 각종 어려움에 봉착한 쉬인은 자체적으로 미국 내 로비스트를 고용해 정관계 및 증권거래위원회 인사와의 접촉을 강화하며 대응하고 있다. 이와 동시에 단시일 안에 미국 내 IPO가 힘들다고 판단한 쉬인은 2024년 초부터 영국 런던증권거래소, 싱가포르 및 홍콩거래소 IPO를 준비해 왔다. 2024년 6월 말 쉬인은 영국 금융행위감독청(FCA)에 IPO를 위한 투자 설명서를 비공개로 제출하면서 뜨거운 시장 반응을 일으켰다. 그 이유는 런던증권거래소 상장을 통해 약 500억 파운드(약 88조 원) 이상을 조달할 것으로 예상되면서, 2011년 글렌코어 상장 이후 런던증권거래소 사상 두 번째로 큰 규모의 IPO가 되기 때문이다. 그러나 영국행위감독청이 심사를 거쳐 승인을 할지 또한 해외 IPO 장소 변경을 위한 중국 증권감독관리위원회가 승인을 할지는 아직 미지수다.

이미 영국 의원들은 인권 문제와 노동자 착취 등의 이유로 쉬인의 런던 증시 상장에 의문을 제기하며 우선 쉬인에 대한 구체적인 조사가 필요하다는 입장이다. 무엇보다, 미국 연방 의회 차원에서 쉬인의 런던 증시 IPO를 매우 신중하게 처리해야 한다는 간접적인 압박이 가해지고 있다. 이미 미국 상원은 쉬인의 런던 IPO에 대한 부정적의견을 담은 서한을 영국 정부에 보낸 바 있다. 해외 상장을 오랫동안 준비해 온 쉬인 입장에서 답답할 수밖에 없다. 쉬인은 런던 증시 상장이 실패할 경우를 대비해 이미 홍콩과 싱가포르 IPO도 매우 빠르게 준비하고 있다.

쉬인과 테무의 인권 침해 문제는 지속적으로 제기될 가능성이 크다. 미국 인권 단체로 구성된 쉬인 중국 공장 조사팀이 쉬인의 공장을 직접 방문해 실사를 진행하고 있고, 쉬인의 제조 생태계에서 직접 일했던 중국 노동자 인터뷰를 통해 근무 환경, 노동 착취 등 실태가 보도되면서 쉬인에 대한 제재는 더욱 거세질 것으로 예측하고 있다.

## 중국의 가격 덤핑 문제와 밀어내기 수출

밀어내기식 가격 덤핑 문제는 알리익스프레스, 테무, 쉬인 모두에게 해당한다. 특히 테무의 경우 시장 가격을 파괴하고, 경쟁 업체가 진입하는 것을 막기 위해 보조금을 지급하고 덤핑 수출을 하는 등 불공정 거래를 한다고 보고 있다.

한 가지 예로, 테무가 취급하는 제품의 가격은 대부분 1~10달러 정도로 그것도 무료배송이다. 테무 특유의 완전위탁방식으로 중간 유통망을 없애고 제품 보조금까지 지급하면서 미국 시장에 진출한 지 2년도 채 되지 않은 기간에 아마존을 위협할 정도로 성장했다. 미국은 중국 직구 플랫폼이 성장한 비결이 800달러 미만의 해외 구매 배송 물품에는 관세를 부과하지 않는 '최소 기준 면제(de minimis exemption)' 제도라고 보고 있다.

따라서 800달러 무관세 적용 기준에 대한 정부와 산업계·소비자 간 논쟁이 심화되고 있는 상황이다. 미국은 2015년 '무역촉진 및 무역집행법'을 통해 소액 소비재 배송은 번거롭고 비용이 많이 드는 서류 작업 절차를 없애고, 미국 전자상거래 활성화를 위해 2016년 최소 기준 면세 한도를 1994년 규정했던 200달러에서 800달러로 인상한 바 있다.

미국섬유협회는 "최소 기준 면세 제도가 미국이 최대 암시장으로 변모되는 결과를 낳았고, 미국이 그것을 합법한 것"이라고 비판하고 있다. 미국 관세국경보호청(CBP)의 자료에 따르면 2023년 처음으로 10억 개 이상의 소형 택배 물품들이 미국 세관을 통과했다. 이는

2018년에 유입된 약 4억 개의 소형 택배 물품과 비교했을 때 150% 이상 증가한 수치다.

또한 2023년 6월 중국 공산당 하원 특별위원회 중간보고서에서도 패스트 패션에서 GAP와 H2M 등 글로벌 패스트 패션 기업들은 수입 관세를 지불하는 데 테무와 쉬인은 한 푼도 내지 않는다고 주장한 바 있다.

여기에 2018년 중국 정부는 트럼프의 대중국 관세 인상 조치에 맞서 자국 기업을 보호하기 위해 최종 소비자에게 직접 판매되는 직구 제품에 대한 7.5% 수출세 면세 조치를 시행했다. 이런 미·중 양국의 관세 혜택을 받으며 미국 시장으로 진출해 성공한 기업이 바로 테무와 쉬인이다. 수출세와 수입세를 지불하지 않고 바로 미국 소비자에게 판매되니 가격이 저렴할 수밖에 없었다. 미국 의류신발협회(AAFA)는 쉬인은 다른 수출 의류 업체보다 약 24% 저렴한 가격에 제품을 공급하고 있어 결국 미국 내 대부분 의류 기업은 문을 닫을 것이라고 언급한 바 있다.

테무와 쉬인의 미국 시장 공습이 가속화되자 미 하원 세입위원회(The Committee of Ways and Means) 무역소위원장은 비시장국 제품에 대한 소액 면제(800달러)를 제한하는 내용을 골자로 한 이른바 '수입 안보 및 공정 법안(Import Security and Fairness Act)'을 발의했다. 비시장국 제품이란 결국 중국산 제품인 쉬인과 테무를 겨냥한 법안이라고 볼 수 있다. 법안에서는 비시장 경제 국가나 우선 감시 대상 국가에서 생산되거나 해당 국가로부터 반입되는 물품은 소액 면제 대상에서 제

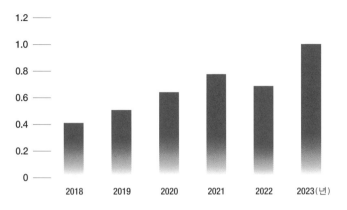

## 미국으로 유입된 소형 포장물의 회계연도별 수량
### (단위 : 10억, 2018~2023년)

출처: U.S Customs and Border Protection

## 2022년 소매 업체가 지불한 미국 수입 관세액

| 브랜드 | 미국 수입 관세액(2022) |
|---|---|
| GAP | 7억 달러(9,554억 3,000만 원) |
| H&M | 2억 500만 달러(2,798억 450만 원) |
| DAVID'S BRIDAL | 1,950만 달러(266억 1,555만 원) |
| SHEIN / TEMU | 0달러 |

출처: 중국 공산당 하원 특별위원회 중간보고서, 2023년 6월

외할 수 있으며, 소액 면제를 받기 위해서는 해당 물품의 HS코드 및 원산지 등 상세한 정보를 제출하도록 규정하고 있다. HS코드 및 원산지 등 상세한 정보를 제출하도록 규정하고 있다.

마르코 루비오 공화당 상원의원도 "테무는 관세를 피하고 값싼 제품을 미국에 홍수처럼 보내기 위해 미국의 허점을 이용하는 여러 중국 기업 중 가장 위험한 기업으로 반드시 테무를 막아야 한다"라고 언급한 바 있다.

또한 미국 상원 재무위원회는 중국 직구 제품의 미국 내 반입을 줄이기 위해 '미국 무역과 투자에 관한 법'까지 상정했다. 로버트 라이트하이저 전 미국 무역대표부(USTR) 대표도 의회 청문회에서 "매일 200만 개 소포가 미국으로 들어오고 있는데, 그 안에 국가 안보에 위협이 되는 무엇이 들어 있는지 우리는 전혀 알 수 없다"고 주장했다.

실제 데이터를 보면 테무와 쉬인 등 중국 플랫폼을 통해 엄청난 물량의 중국 소포가 미국 50개 주로 배송되고 있다. 미국 2023 회계연도(2022년 10월~2023년 9월)를 살펴보면, 미국의 800달러 미만 소포 물량은 직전 회계연도보다 53% 급증한 상태다. 미국 관세국경보호국(CBP)에 따르면 2023 회계연도에 총 10억 5,000만 개가 넘는 택배 물품이 면세로 미국에 반입되었다.

틱톡 금지법 통과를 주도한 전 미국 하원 미중전략경쟁특위 위원장인 마이크 갤러거 공화당 의원은 "의회가 중국 직구 플랫폼에 대해 긴급한 조치를 하지 않으면 대부분의 미국 소매 기업들은 사업장과 일자리를 중국으로 이전할 수밖에 없을 것"이라고 강력히 주장했다.

이러한 분위기 속에 2024년 4월부터 미국 국토안보부는 중국에서 미국 소비자에게 직접 배송되는 중국 직구 택배 물품에 대한 조사를 강화하고 있다.

한편, 하원도 적극적으로 테무와 쉬인 규제에 나서고 있다. 2024년 4월 15일 그렉 머피 공화당 하원 의원이 하원 세입위원회 제이슨 스미스(공화당) 위원장의 지지를 받으며 이른바, '중국의 미국 최소 기준 면제 남용금지법'을 발의했다.

동 법안은 기존의 중국 해외 직구 플랫폼 규제 내용보다 매우 직설적이면서 구체적이고 직접적인 내용을 담고 있다. 구체적으로 살펴보면, 첫째, 1930년 관세법 제321조, 1974년 종합 무역법 제201조 및 제301조, 그리고 1962년 무역확장법 제232조에 근거해 부과되는 관세나 기타 수입 제한이 있는 품목들에 대해 800달러 이하 최소 기준 면세 혜택을 제외한다. 둘째, 모든 최소 기준 면세 수입품에 대해 미국통합관세율표(Harmonizes Tariff System)에 따른 HS코드 10자리 품목 분류 코드를 입력해야 하고, 투명성과 데이터 수집의 효율성을 개선한다. 셋째, 중국에 대한 최소 기준 면세 수입품의 면세 혜택을 즉시 폐지해야 하고, 반덤핑·상계 관세·국가 안보 관세 등 다른 무역 구제 조치에 대한 최소 기준 면세 적용을 금지한다. 넷째, 위반시 최초 위반한 사안에 대해 5,000달러, 이후 각 위반시마다 1만 달러의 민사 벌금을 부과할 수 있다.

만약 동 법안이 통과될 경우 테무와 쉬인을 비롯한 중국 직구 커머스 플랫폼에 미칠 영향은 매우 클 수밖에 없다. 기존 최소 기준 면세 혜택을 받고 미국에 수입된 중국산 택배 물품이 50% 이상 감소할 가능성이 높고, 매 건당 20~30달러 정도 추가 비용이 발생함에 따라 초저가 경쟁력을 유지할 수가 없다. 그렇게 되면 자연스럽게 알테쉬톡의 미국 공습에 대응할 수 있다는 것이다.

동 법안은 미국의 산업을 보호하고 미국 중소기업의 경쟁력을 강화하는 데 목적이 있다고 하지만, 나아가 미국과 중국 간 경제 안보 전쟁에 대응하기 위한 목적도 있다.

로버트 라이트하이저 전 무역대표부 대표는 지금이라도 폐기 혹은 100달러로 낮추어 덤핑으로 들어오는 중국산 직구 제품을 막아야 한다고 주장하고 있다. 2023년 5월 출간한 그의 저서《자유무역은 없다(No Trade Is Free)》에서 중국이 생산 보조금을 지급하고 원가 이하로 제품을 덤핑하는 등 약탈적인 관행을 통해 미국의 일자리를 빼앗고 제조업을 공허하게 만들었다고 강력히 주장하고 있다.

그는 또한 "중국뿐만 아니라 한국과 일본 수출 제조업도 모두 불공정한 정부 보조금과 지원 정책으로 성장했다"며 자유무역이란 현실에 맞지 않고 특히 미국에는 절대 도움이 되지 않는다고 강조하고 있다. 트럼프가 승리할 경우 중국뿐만 아니라 한국에 대한 관세도 인상할 것임을 암시하고 있는 것이다.

그는 미국 제조업의 유출을 막아야 하고, 중국이 수출 제조업으로부터 벌어들인 달러로 세계 패권에 대한 야망과 전체주의(Totalitarianism) 체제를 강화하고 있기 때문에 반드시 저렴한 중국산 제품의 미국 진입을 막아야 한다고 생각한다. 따라서 중국에 대한 60% 관

세 부과에 10% 보편관세, 최혜국 대우(MFN)와 항구적 정상무역관계
(PNTR) 철폐로 인해 미국과 중국 간 무역 마찰은 더욱 심화될 것이다.
이후 미국과 중국 간 제3라운드 무역 전쟁의 중심에 바로 테무와 쉬
인의 중국 직구 플랫폼이 있다.

　본격화되고 있는 미 대선 선거 캠페인으로 인해 이들에 대한 압박
과 규제가 잠시 숨 고르기에 들어갔지만, 결국 미·중 간 충돌의 불씨
가 될 것이다. 만약 트럼프 전 대통령이 2024년 11월 미 대선에서 당
선되면 테무와 쉬인에 대한 관세 인상은 불 보듯 뻔해 보인다. 로버트
라이트하이저 전 무역대표부 대표는 현재 트럼트 선거 캠프 최고 정
책고문 중 한 명으로 트럼프가 회귀하면 다시 재무부 장관, 상무부 장
관의 직책을 맡을 가능성이 매우 높다. 그럴 경우 테무와 쉬인, 알리
익스프레스, 틱톡샵의 중국 직구 플랫폼을 통해 들어오는 중국 제품

에 대한 관세가 인상될 가능성이 매우 높다. 중국 이커머스 플랫폼들이 본사를 이전하고 미국 사업 현지화 등의 탈중국화를 빠르게 서두르는 이유도 여기에 있다.

그러나 아마존 등 미국 대형 온라인 상거래 업체나 특별 수송 업체들은 최소 면세 기준 철폐나 면세 금액 인하는 중국 외 다른 나라 생산자들부터의 제품 조달이 어려울 수 있는 만큼 도움이 되지 않는다는 반대 의견을 제시하고 있다. 결국 공화당의 트럼프와 민주당 해리스의 대통령 선거 결과에 따라 미국 유통 시장에도 큰 변화가 일어날 것으로 보인다.


## 중국 이커머스 플랫폼 공습에 대한
## 유럽연합과 각국의 반응과 규제

유럽연합에서도 중국 이커머스 플랫폼에 대한 제재를 강화해 나가고 있다. 유럽연합은 알리익스프레스, 쉬인, 틱톡샵에 이어 테무도 초대형 온라인 플랫폼(VLOP)으로 규정했다. 유럽연합에서 월평균 4,500만 명 이상의 사용자가 쉬인, 테무를 사용하고 있기 때문에 디지털서비스법(DSA, Digital Services Act.)[05]의 규제를 받는다. 따라서 중국 직구

---

05  유럽연합이 글로벌 IT기업에 대한 유해 콘텐츠 검열 의무를 규정한 법으로, 2023년 8월부터 시행됐다. DSA에 의하면 글로벌 대형 플랫폼은 자사 플랫폼에서 허위 정보, 차별적 콘텐츠, 아동 학대, 테러 선전 등의 불법 유해 콘텐츠를 의무적으로 제거해야 한다. 위반할 경우, 전 세계 매출의 최대 6%의 과징금을 부과하며, 반복적으로 위반한다면 유럽연합 가입국에서 퇴출될 수 있다.

플랫폼 모두 콘텐츠 중재, 사용자 개인정보 보호 및 안전에 관한 규칙을 준수해야 한다. 유럽연합 집행위원회(EC) 조사 결과에 따라 시정 조치가 미흡하거나 DSA 위반이라고 판단될 시 연간 전 세계 매출의 6%에 달하는 과징금이 부과될 수 있다.

환경 보호와 안전 문제 등의 규제를 명분으로 플랫폼에 대한 제재를 가할 수도 있다. 알리익스프레스는 이미 2024년 3월 가짜 의약품과 음란물 유통으로 DSA를 위반했을 가능성이 있다며 제재 부과가 가능한 직권 조사에 착수한 상태다.

또한 유럽연합집행위원회는 알리익스프레스, 테무, 쉬인에서 판매되는 초저가 제품에 대한 관세 부과를 적극 검토하고 있다. 유럽연합 집행위원회에 따르면, 2023년 유럽연합 회원국에 무관세로 수입된 150유로 미만 제품이 23억 개에 이르고, 2024년에도 계속 증가하는 추세다. 현재 유럽연합은 150유로 미만의 중국산 제품을 무관세로 구매할 수 있는데 이것을 폐지하겠다는 것이다. 영국도 기존 135파운드(약 23만 원) 이하 무관세 규정 조정에 대한 목소리가 커져가고 있다. 핀란드 상무연맹도 면세 한도 철폐가 매우 시급하다는 성명을 낸 바 있다. 만약 관련 규정이 시행되면 150유로 미만 제품에도 관세가 부과되면서 알테쉬의 매출에도 영향을 미칠 가능성이 크다.

한편, 유럽 최대 소비자 단체인 유럽소비자기구(BEUC)와 프랑스, 독일, 스페인 등 유럽 내 17개 회원 단체는 2024년 5월 테무가 디지털서비스법을 위반했다며 유럽연합 집행위원회에 제소를 한 상태다. 테무가 유럽 소비자들의 자유로운 결정을 방해하려고 콘텐츠를 불법 조작한다는 게 그 이유다. 유럽소비자기구는 테무가 플랫폼 내 판매자에 대한 정보와 판매 제품이 유럽연합 안전 요건을 충족하는지에 대한 정보를 유럽 소비자에게 제공하지 않고 있다고 지적했다. 또한 다크 패턴으로 알려진 불법 조작으로 소비자가 원하는 것보다 더 많은 비용을 지출하도록 유도하고 있고, 빅데이터에 기반한 추천 알고리즘이 소비자의 구매 패턴과 성향을 왜곡시키며 충동소비를 부추기고 있다고 지적하고 있다.

알테쉬톡의 유럽 시장 공습으로 유럽 회원국 대부분이 국가 경제에 비상이 걸린 상태다. 특히 중소 제조 생태계가 무너지며 일자리도 사라지고 있다는 것이다. 2024년 상반기 유럽의회 선거 기간 후보자들의 공통된 선거 공약 중 하나가 바로 알테쉬톡의 덤핑 공세로부터 유럽의 150만 개 일자리를 지키겠다는 것이었다. 특히 유럽의 패션 의류 제조 분야의 경우, 90% 이상이 중소기업으로 알테쉬톡의 공습에 취약할 수밖에 없는 구조이기 때문이다. 유럽의 의류, 섬유, 신발 및 가죽 산업 연간 매출액이 약 2,200억 달러 이상으로 추정되는데 중국 직구 플랫폼의 직격탄을 받고 있는 상태다.

폴란드 전자상거래 협회에서 발행한 보고서에서는 '중국 정부의 보조금으로 안전 기준에 부합하지 않는 초저가의 중국산 티셔츠, 청바지, 귀고리들이 테무와 쉬인을 통해 유럽 소비자에게 판매되고 있다. 이는 매우 불공평해 유럽연합 차원의 적극적인 대응이 필요하다'고 강조하고 있다.

유럽연합 회원 국가별로 차이가 있지만 대부분 중국 직구 플랫폼을 통해 수입된 물품이 2022년부터 2023년까지 50% 이상 급증했고, 안전 기준 평가에 부합하지 않는 제품이 3,400개 이상으로 장난감, 전기 제품, 의류, 화장품 등이 대표적인 제품들이다. 유럽완구산업기구(Toy Industries of Europe)는 중국 직구 플랫폼을 통해 들어온 대부분의 완구 제품이 안전 기준에 부합하지 않는다고 밝힌 바 있다. 예를 들어, 2024년 2월 테무를 통해 구입한 장난감 19개 제품을 조사한 결과, 유럽연합 기준을 충족시킨 제품은 하나도 없었다.

유럽연합의 행정 집행 기관인 유럽연합 집행위원회는 쉬인에게 사이트 내에 있는 불법 제품에 대한 새로운 사항들을 요구했고, 쉬인은 위험 평가 보고서를 제출하고 위조품, 안전하지 않은 제품, 지재권을 침해하는 품목의 등록 및 판매에 대한 완화 조치를 4개월 이내로 도입해야 한다. 과거 미국의 랄프로렌(Ralph Lauren), 선글라스 업체 오클리(Oakley)는 쉬인을 상대로 지적재산권을 침해했다고 고소하는 등 알테쉬 공습에 적극 대응하고 있다.

유럽연합은 틱톡 역시 조사에 들어갔다. 유럽연합이 조사에 착수한 이유는 '틱톡 라이트'라고 불리는 새로운 서비스가 규제에 위배될 우려가 있다는 이유였다.

틱톡 라이트는 프랑스와 스페인에서 시작된 서비스로, 동영상 애플리케이션을 더욱 간소화한 것이다. 틱톡과 틱톡 라이트의 차이점은 간단하다. 틱톡은 수익이 동영상 창작자에게 돌아가는 구조이지만 틱톡 라이트는 영상을 보는 시청자가 수익을 얻을 수 있는 '보상 프로그램' 구조다. 사용자가 영상을 시청하거나 '좋아요' 클릭, 친구 초대 등을 하면 포인트를 적립해 주기 때문에 시청자들은 틱톡 라이트의 영상을 보면서 수익을 볼 수 있는 것이다.

유럽연합 집행위원회는 틱톡 라이트의 보상 프로그램이 중독성에 대한 사전 위험 평가를 하지 않아 디지털서비스법(DSA) 규정을 위반했다고 지적하면서 관계 법령상 틱톡의 모회사인 바이트댄스에게 24시간 이내로 위험성 평가서를 유럽위원회에 제출하라고 명령했다.

이에 바이트댄스는 중독성을 조장할 수 있는 서비스로부터 미성년자와 이용자의 정신 건강을 보호하기 위해 어떤 조치를 도입하고 있는지 등을 답해야 했다. 만약 바이트댄스와 틱톡이 이를 이행하지 않으면 추가로 제재가 들어가고, 벌금으로 전 세계에서 발생하는 연간 매출의 1%에 해당하는 금액을 일시불로 또는 하루 평균 매출액의 최대 5%에 해당하는 금액을 분할해서 지불해야 한다. 또한 정해진 날짜까지 필요한 시정 조치를 하지 않는다면 틱톡 라이트의 보상 프로그램 시행을 유럽연합 전역에서 임시로 강제 금지하겠다고 경고했다.

결국 틱톡은 유럽연합 집행위원회가 제기한 우려 사항을 해결할 때까지 틱톡 라이트의 보상 프로그램을 자발적으로 잠정 중단하겠다고 밝혔다. 미국에서 틱톡 강제 매각 법안이 제정된 것에 대해서는 틱톡이 강력하게 반발했지만, 유럽연합에서는 필요 이상으로 자극하지 않는 것이 좋겠다고 판단한 것으로 보인다.

미국과 유럽연합뿐만 아니라 이미 전 세계적으로 알리익스프레스, 테무, 쉬인, 틱톡샵에 대한 규제와 제재가 다양한 형태로 나타나고 있다. 우선 인도는 원천적으로 중국 스마트폰 앱 자체를 제재하고 있는 상황이다. 인도는 2020년 5월 판공호수·시킴주 국경 난투극, 6월 갈완 계곡 '몽둥이 충돌', 45년 만에 총기 사용, 인도 북부 시킴주와 중국 티베트를 잇는 국경 지역인 '나쿠 라' 인근 지역에서의 양국간 충돌 등 중국과의 영토 분쟁과 충돌이 심화되면서 반중 정서가 커져가고 있다. 이에 따라 인도 정부는 중국과 협력하는 각종 프로젝트를 취소했고 중국산 수입 관련 무역 장벽도 강화하고 있는 추세다.

인도 정부는 사이버 공간의 안전과 보안, 국민 이익을 근거로 2020년 6월 틱톡·쉬인·위챗·알리바바 모바일 앱 등 267개의 중국 스마트폰 앱 사용을 잠정 금지했고, 2023년 기준 약 300개에 이르는 중국 모바일 앱 사용을 막았다. 할 수 없이 중국 직구 플랫폼은 우회적인 방식으로 인도 시장의 문을 두드리고 있지만 여전히 쉽지 않은 상태다.

이 외에도 국가별로 여러 대응 방안을 내놓고 있다. 프랑스의 경우 하원에서 만장일치로 테무, 쉬인을 규제하기 위해 세계 최초로 이른바, 패스트 패션 제한법(反쉬인법)을 통과시켰다. 테무와 쉬인이 고객 수요에 즉각 반응해 거의 1~2일 만에 새로운 신상품을 쏟아 내는 방식이 불필요한 소비와 환경오염을 불러일으킨다는 것이다.

일반적인 패션 의류 회사의 경우 1년에 네 번 계절별로 신상품을 출시하고, 자라나 H&M 등 패스트 패션 기업은 1~2주 기간으로 신제품을 출시한다. 그러나 쉬인, 테무는 거의 매일 신상품을 출시해 '울트라 패스트 패션'이라고 불린다. 따라서 이러한 생태계는 결국 환경오염의 근원이 될 수 있다고 보는 것이다. 패스트 패션 제한법을 주도한 오리종당 안세실 비올랑 하원의원은 하루 평균 7,200벌의 신제품을 말도 안 되는 초저가로 출시하고 있다고, 쉬인 플랫폼을 규제해야 한다는 강경한 입장을 보이고 있다.

특히 쉬인에서 근무하는 노동자들의 열악한 노동 환경을 지적하면서 그러한 노동 착취로 만들어진 저렴한 중국산 패션 의류 때문에 가격 경쟁에서 패한 프랑스 패션 의류 종사자들의 실업 문제가 심각해지고 있다는 것이다. 테무와 쉬인 때문에 프랑스에서만 2023년 한 해 동안 1만 명의 패션 업계 종사자가 직장을 잃은 것으로 조사되었다. 결국 프랑스는 테무와 쉬인을 환경 및 노동 착취 등의 관점에서뿐만 아니라 프랑스 섬유 산업과 의류 산업에서의 경제 주권 면에서도 바라보고 있다. 테무와 쉬인의 공습으로 인해 프랑스의 지주 산업이라고 볼 수 있는 패션 의류 산업 생태계가 무너지고 있다는 것이다.

동 법안은 2025년부터 제품당 5유로(약 7,300원)의 부담금을 부과하고, 판매 가격의 50%를 넘지 않는 선에서 2030년까지 최대 10유로(약 14,500원)까지 부담금을 인상할 수 있도록 했다. 또한 쉬인의 패스트 패션 제품과 기업 광고를 금지하는 내용도 포함하고 있다. 상원에서 최종 통과된다면 쉬인의 유럽 시장 확대에 큰 타격을 입을 것으로 예상된다.

독일의 경우 유해 물질을 판매한 테무에 대해 규제 방안을 검토하고 있다. 테무에서 판매된 제품 중 유해 성분이 발견된 제품과 유럽연합 인증을 받지 않은 불량 제품들이 발견되면서 논란이 확대되고 있다. 독일 뉴스 채널인 서부독일방송(WDR)이 독일에서 판매 금지된 자동차 문 따개를 비롯한 불법 제품이 테무를 통해 판매되었다는 보도를 내보낸 후 중국 직구 플랫폼 규제에 대한 목소리가 더욱 커져가고 있다.

한편, 독일 기술검사협회(TUV)가 테무 플랫폼에서 구매한 폴로 셔츠에 대한 유해 성분을 조사한 결과, 셔츠 단추 하나에서만 유럽 기준치의 40배에 달하는 프탈레이트 가소제(DBP)가 검출되었다. 프탈레이트 가소제는 여성 불임이나 남성 호르몬과 정자 수 감소를 유발할 수 있는 물질로 분류되어 독일에서 엄격히 관리하는 유해 성분 중 하나다. 또한 임산부에게 노출될 경우 태아에게 치명적 피해를 줄 수 있어 테무 앱 사용 금지 혹은 규제 방향에 대한 의회 차원의 논의가 급물살을 타고 있다.

이미 독일 소매업협회는 테무 플랫폼을 통해 들어오는 직구 제품에 대한 세관 단속을 강화해 달라고 정부에게 강력히 요구하고 있는 상황이다. '서두르세요. 150명 이상이 이 상품을 장바구니에 담았습니다'와 같이 충동 소비를 부추기는 미끼성 광고에 대해 규제를 가하고 있다. 이미 2024년 초 테무 플랫폼 내 충동 소비를 부추기는 광고 및 알림에 대한 문제점을 테무에 전달하면서 독일에서는 더 이상 미끼성 광고 알림을 표시할 수 없게 된 상태다.

태국 정부는 2024년 5월부터 알리익스프레스, 테무, 쉬인 등을 통해 들어오는 중국산 저가 수입품에 대해 부가가치세(VAT) 면제를 폐지하고 모든 수입품에 대해 7% 부가가치세를 부과하기로 했다. 태국은 원래 1,500바트(약 5만 5,000원) 미만 수입 제품에 대해서는 부가가치세가 면제되었으나, 쏟아지는 중국산 직구 제품들 때문에 자국 시장이 큰 피해를 보고 있다는 판단 아래 1바트(약 37원) 이상의 모든 수입품에 7% 부가가치세를 부과하고 있다. 태국에서 중국 직구 플랫폼을 통해 많이 팔리고 있는 모바일기기 액세서리, 보조 배터리, 의류 등 인기 제품의 경우 대부분 1,500바트 미만 제품이어서 태국 내 관련 유통 판매 생태계가 거의 무너지고 있는 상황이었다. 또한 자국산 제품이 중국 직구 제품에 잠식당하면서 실업자도 증가하는 추세였다.

줄라푼 아모른비바트(Julapun Amornvivat) 태국 재무부 차관은 '동 정책은 외국 및 국내 사업자에게 동일한 세율을 적용함으로써 공정한 경쟁 환경을 조성하기 위해 마련되었고, 태국 세수 증대에도 기여할 것'이라고 강조했다.

태국 전자상거래협회는 알리익스프레스와 테무 등 중국 직구 플랫폼과의 가격 경쟁으로 인해 지역 중소 및 소상공인들이 거의 폐업하고 있는 상황이라며 정부의 강력한 대응을 촉구한 바 있다. 또한 부가가치세를 징수함으로써 연간 1조 바트(약 36조 9,000억 원)에 달하는 대중국 무역적자를 줄일 수 있다며 정부의 부가가치세 면제 폐지 정책에 적극적으로 지지하고 있다.

한편 상차이 티라쿤와닛 태국 중소기업연맹 회장은 "중국 직구 플랫폼들은 부가가치세를 내야 하는 태국 중소기업보다 싼 가격에 제품을 판매할 수 있었다"며 태국 중소기업 보호와 경쟁력 차원에서 더욱 강력한 대책이 필요하다고 강조하고 있다. 태국산업연맹도 저가와 짝퉁의 중국 직구 제품 홍수로부터 중소기업과 산업을 보호하려면 좀 더 효율적이고 강력한 대책이 있어야 한다고 주장한 바 있다. 이미 태국은 중국산 '코끼리 바지'가 범람하자 저작권 보호를 이유로 복제품 수입을 금지하고 밀수품 단속에 적극 나서고 있다. 나아가 중국 직구 제품의 안전성과 환경 기준을 충족하지 못하는 제품에 대한 조사가 계속 이어지고 있는 상황이다.

## 글로벌 규제에 대한
## 중국 이커머스 플랫폼들의 대응 전략

세계 최대 시장인 미국이 강도 높은 제재의 움직임을 보이자 네 마리의 용(알테쉬톡)은 일제히 빠른 대응에 나섰다.

그들의 첫 번째 공통된 대응 전략은 탈중국(脫中國)이다. 중국의 느낌을 완전히 빼려는 것이다. 그들은 최고경영자(CEO)에 중국 사람을 앉히지 않는다. 싱가포르나 미국 현지에 본사를 두고 투자를 한다. 틱톡샵은 로스앤젤레스 및 시애틀에 지사를 두고 있고, 테무는 미국 내 두 군데에 창고를 만들어 놓는 등 탈중국을 하고 있다. 그들도 알고 있는 것이다. 뭔가 어마어마한 것이 몰려오고 있다는 사실을. 결국 그들이 선택한 대응 전략은 자신들은 중국과 멀다는 것을 세계를 향해 계속 알리는 것이다.

쉬인의 최고경영자인 중국계 미국인 도널드 탕 회장은 2024년 5월 7일 미국 로스앤젤레스에서 열린 밀컨 글로벌 콘퍼런스에서 쉬인이 어느 나라의 기업이냐는 질문을 받았을 때 이렇게 말했다.

"개성을 표현할 자유, 공정 경쟁, 법치주의 등 쉬인이 지지하는 이 모든 것들이 미국의 정신적 기준이며, 그런 면에서 쉬인은 미국 기업이라고 생각한다."

그리고 탕 회장은 이렇게 덧붙였다.

"쉬인은 중국에서 태어났고, 상당량의 공급망이 중국에 있다. 쉬인의 본사는 싱가포르에 있으며 인사·재무·전략 담당 부서도 모두 싱가포르에 있다. 우리의 가장 큰 시장은 미국이며, 창고도 미국에 있고 마케팅도 미국을 중심으로 이루어진다."

실제로 쉬인은 2023년 중국 난징에 있던 본사를 싱가포르로 옮겼고, 중국 난징의 기업 등록을 말소했다. 홈페이지에서 '중국'이라는 문구도 삭제했다. 아일랜드와 미국 인디애나주에 지사를 설립하고 워싱턴D.C.에 로비 대행 업체와도 계약했다.

막대한 자금 조달을 목표로 뉴욕 증시와 런던 증시 상장에 엄청난 공을 들이고 있는 쉬인에게 미국 증권거래위원회와 영국 금융행위감독청은 상장을 하려면 강제 노동·인권 탄압·지재권 의혹을 명확히 밝혀야 한다는 입장이다. 미국 의회의 직간접적인 압박과 요구로 인해 쉬인의 해외 상장이 결코 만만치 않을 전망이다.

테무의 경우는 미국 시장 진출을 기반으로 2023년 상반기에 캐나다·호주·뉴질랜드로 시장을 확대하며 본사를 보스턴으로 옮겼다. 모회사인 핀둬둬도 본사를 중국에서 아일랜드로 옮기면서 탈중국을 가속화하고 있다. 틱톡도 본사가 중국이 아니라 싱가포르에 있음을 강조하며 중국과 거리를 계속 두고 있다. 미국 내 사용자의 개인정보는 미국 데이터 기업인 오라클의 서버에 저장하는 한편, 사용자 정보에 대한 외부 접근도 미국의 안보 기준에 따라 통제하겠다는 입장이다. 틱톡의 모회사인 바이트댄스도 미국인 데이터 정보에 결코 접근할 수 없게 하겠다고 밝히면서 탈중국에 안간힘을 쓰고 있는 형국이다.

그들의 두 번째 대응 전략은 상당수의 로비스트를 고용하고 있다는 점이다. 쉬인은 미국 정계 로비스트를 고용하며 이 문제에 적극적으로 대응하고 있는데, 미국 로비 정치 자금을 추적하는 비영리단체인 오픈시크릿에 의하면, 2023년 쉬인에 비판적인 미 하원을 설득하기 위해 고용한 로비스트가 기존 8명에서 14명으로 늘어났고, 로비 지출 비용도 전년 대비 657% 늘어났다. 로비스트 중에는 조지 부시(아버지 부시) 전 대통령 시절에 부통령을 지낸 댄 퀘일의 아들 벤저민 퀘일 전 하원의원도 포함되었다.

세 번째로는 중국 수출을 확대하기 위해 적극적인 정부 지원 정책뿐만 아니라 전 세계적인 반(反) 중국 이커머스 흐름에 중국 정부가 도와주길 희망하고 있다는 점이다. 중국 기업으로서 수출에 상당한 기여를 하고 있는 자신들을 지켜 달라는 호소를 하는 것이다. 1장에서 언급했던 것처럼 중국 내 국경 간 전자상거래(Cross Border Trade) 플랫폼이 10만 개가 넘고 현재 중국 31개 성내 165개의 국경 간 전자상거래 종합시험구가 설립되어 있다. 그만큼 국경 간 전자상거래와 해외 직구 플랫폼의 중국 경제에 미치는 영향은 점점 확대되고 있는 추세다.

알리익스프레스, 테무 등 중국 해외 직구 플랫폼은 중국 수출 증가의 1등 공신일 뿐만 아니라 중국 중소 제조기업의 재고 물량을 해소하고 일자리 창출하는 데도 큰 역할을 하고 있다. 따라서 중국 정부는 해외 직구 플랫폼에 대한 적극적인 지원을 아끼지 않고 있다. 중국 국무원은 2023년 4월 〈대외 무역의 안정적 성장과 구조 최적화 추진 의견(关于推动外贸稳规模优结构的意见)〉 정책을 통해 알리익스프레스, 테무 등 해외 직구 플랫폼의 지속적 발전을 위해 적극적으로 지원해야 한다는 사실을 설명하고 있다.

또한 2024년 6월에는 상무부·국가발전개혁위원회·중국인민은행·재정부·해관총서·국가세무총국 등 9개 부처 공동으로 〈국경 간 전자상거래 수출 확대를 위한 해외 창고 건설 추진에 관한 의견(关于拓展跨境电商出口推进海外仓建设的意见)〉 정책을 발표했다. 15개 조항으로 구성된 동 정책에서 중국 정부는 국경 간 전자상거래 기업의 수출 해외 창고 업무의 세금 환급 및 기초 시설, 물류 체계 구축을 지원하는 등 다양한 우대 정책을 펼치고 있다.

## 미국 대통령이 서명한 틱톡 금지법의 향방은?

틱톡과 모기업 바이트댄스는 조 바이든 미국 대통령이 서명한 '틱톡 금지법'이 수정헌법에 위배된다며 미국 정부를 상대로 소송을 냈다. 중국 테크 기업과 미국 정부가 정면 충돌한 이번 소송은 2024년 11월에 있을 미국 대선과 미국과 중국 관계에 영향을 미칠 것으로 보인다. 2024년 9월 워싱턴 DC 항소 법원에서 바이트댄스가 제기한 소송 관련 구두 변론에서도 치열한 공방전이 일어나며 틱톡 금지 법안은 미국과 중국간 충돌의 새로운 불씨가 될 것이다.

해리스 민주당 후보가 당선될 경우 틱톡의 운명은 매우 불확실해진다. 그러나 틱톡은 만약 트럼프가 당선될 경우 상황이 다시 반전될 수 있다는 희망을 보고 있는 듯하다. 바이트댄스는 틱톡이 약 1조 8,000억을 투자한 미국 오라클 기업과 트럼프의 오래된 친분 관계 및 과거 수정헌법 1조로 근거로 승소한 사례를 믿고 있는 것이다.

틱톡은 67페이지에 달하는 소장에서 이렇게 밝혔다.

"역사상 처음으로 미국 의회는 하나의 플랫폼을 영구적·전국적으로 금지하는 법안을 제정했다. 전 세계 10억 명의 사람들이 참여하고 있는 플랫폼에 모든 미국인이 참여하는 것을 금지했다. 국가 안보에 대한 우려가 표현의 자유를 제한하는 충분한 이유가 될 수는 없으며, 법안의 정당성을 증명하는 책임은 연방 정부에 있다."

그러면서 틱톡은 2022년 미국의 거대 소프트웨어 기업인 오라클이 소유한 서버에 미국 사용자 데이터를 옮기는 등의 정보 보호 조치를 취했다고 주장하면서 미국 사용자들의 정보를 수집해 언제든지 중국 정부에 제출할 수 있다는 미국 정부의 주장을 전면 부인했다.

틱톡은 강제로 매각하라는 명령에 대해서도 상업적으로, 기술적으로, 법적으로도 실현 가능하지 않다고 주장하고 있다. 법 규정상 중국 정부의 허가 없이 미국에 틱톡의 핵심 기능인 콘텐츠 추천 알고리즘 엔진을 판매할 수 없다는 것이다. 또한 바이든 대통령이 서명한 법안을 살펴보면 '바이트댄스와 틱톡 간의 연결을 금지한다.'라고 되어 있는데, 이 부분은 기술적으로도, 법적으로도 가능하지 않다고 틱톡은 말하고 있다. 기술적으로 중국 정부가 미국에 틱톡의 핵심 기능인 콘텐츠 추천 알고리즘 엔진을 판매하지 못하도록 규정하고 있다. 또한 틱톡 서비스를 유지하려면 틱톡의 사내 소프트웨어 엔지니어들이 모회사인 바이트댄스 소프트웨어에 접근해야 하는데, 법안에서 바이트댄스와 틱톡 간의 연결을 금지하고 있다.

글로벌 시장 조사 기업 CB인사이트에 따르면, 틱톡의 모기업인 바이트댄스는 기업 가치가 2,250억 달러(약 308조 원)로 추정된다. 미국 사업 매각 가격은 수백억 달러에 달할 것으로 예상된다. 이에 〈뉴욕타임스〉는 매수자가 있을지에 대한 여러 질문을 던졌다. 이 정도의 금액을 감당할 수 있는 구매자는 대기업이나 가능할 텐데, 메타나 구글 등과 같은 빅테크는 반독점법에 저촉되어 인수 가능성이 없다고 내다봤고 따라서 구매자가 나타날 가능성은 거의 없을 것으로 예측했다. 또한 바이트댄스가 틱톡의 전체 글로벌 사업장과 7,000명의 미국 직원이 고용되어 있는 미국 사업장 중 어디를 매각할 것인지에 대해서도 확실치 않다고 전했다.

틱톡을 강제로 퇴출하는 문제는 주 정부 및 연방 정부 차원에서도 여러 법적 분쟁을 낳고 있다. 2023년 5월 미국 몬태나주에서는 미국 주 가운데 처음으로 2024년 1월부터 주 내에서 틱톡을 사용하지 못하게 하는 '틱톡 금지법'을 통과시켰다.

하지만 현재 주 정부의 결정이 임시로 중단되었으며 몬태나주는 현재 이 명령에 이의를 제기한 상태다. 연방 법원의 판사는 틱톡 금지

방침이 "주 권한을 넘어선 것이자 사용자와 사업체의 헌법적 권리를 침해하는 것이며, 몬태나주 소비자들을 보호하려는 노력이기보다는 틱톡에 있어 중국의 표면적인 역할을 겨냥하려는 시도"라는 판결을 내렸다.

도널드 트럼프 전 대통령도 앞서 언급한 것처럼 2020년 행정명령을 통해 틱톡 판매를 금지하려 했지만 연방 법원은 '수정헌법 1조'를 이유로 제동을 건 바 있다. 틱톡과 미국 정부의 법적 분쟁이 어떤 결과를 낳을지 전 세계는 주목하고 있다.

## 미국과 중국의 경쟁은 어떻게 전개될 것인가

미국과 중국 간 충돌은 카멀라 해리스든 트럼프든 누가 대통령이 되더라도 지속될 것이다. 특히 첨단 산업의 세 가지 영역에서 확실하게 디커플링(decoupling, 탈동조화)될 것이다. 그 세 가지 영역은 바로 컴퓨팅 기술(AI, 양자 정보 기술, 반도체), 바이오(나노, 신약, 백신), 클린 테크놀로지(전기차, 배터리)다. 그 밖의 산업군에서는 상호 간 관세 전쟁을 펼치며, 치열한 충돌이 일어날 것이다. 이른바 차이나 리스크를 해소하는 '디리스킹(De-Risking)' 방향으로 흘러 갈 것이다. 미국도 중국이 계속 필요하고, 중국 또한 마찬가지지만 이 3개의 영역에 대해서는 완전한 탈동조화가 될 것이다.

글로벌 이커머스 부문에서는 이커머스 플랫폼에서 판매되는 제품 자체는 서민들이 쓰는 것이기 때문에 이것을 완전한 디커플링으로 이야기하기는 쉽지 않다. 그럼에도 불구하고 미국은 플랫폼을 결국 사람의 정보가 들어 있는 데이터 안보로 보면서 국가 안보 차원에서 적극적인 규제를 강화해 나갈 것이다. 다시 말해 미국은 알테쉬톡 규제를 강화해 나가면서 점차 다운로드 금지 및 시장 퇴출을 요구해 나갈 것이다. 알테쉬톡에 빠져 생활하고 있는 미국 사회를 백악관과 미국 정치권이 좋아할 리가 없다.

지금 예측하는 가장 최악의 순간은 트럼프가 돌아왔을 때라고 할 수 있다. 그가 돌아오면 미국과 중국 간 전면적인 대립과 충돌은 더욱 심해질 수밖에 없다. 이전 정책 중 괜찮은 것은 그대로 가져가면서 트럼프식의 관세 정책을 내놓을 것이다. 그러면 중국은 어떻게 대응할 것인가? 중국도 경제 안보와 국가 안보라는 명분 아래 트럼프 2.0 시대를 촘촘히 준비하고 있다. 중국은 가능한 미국과의 충돌을 피하고 최대한 양국 관계를 관리하면서 글로벌 사우스 국가들에 대한 영향력을 확대해 나갈 것이다. 이와 동시에 이미 5~6년 전부터 준비해 온 3가지 영역에서의 탈동조화를 위한 기술 자립을 더욱 가속화할 것으로 보인다.

2024년 양회(兩會)에서 총리가 발표했던 한 57분짜리 내용을 보면 2023년 9월 헤이룽장성에서 제시한 '신질 생산력(新質生産力)'이 양회 기간 내내 강조되었다. 해외로부터 선진 기술을 들여와 자신들의 저렴한 노동력과 결합하는 기존 발전 방식에서 벗어나 과학 기술

강국이 되어 글로벌 산업 주도권을 이끌어가겠다는 것이다. 첨단 기술 중심의 스마트화·디지털화·네트워크화 경제 성장으로 전환하겠다는 것을 의미한다.

경제 성장률이 점차 둔화하고 있지만, 총요소생산성(Total Factor Productivity)을 올려 점차 지속적이고 안정적인 성장을 하겠다는 속내다. 총요소생산성은 노동생산성뿐만 아니라 노동자의 업무 능력·자본 투자 금액·기술 혁신 역량 투입을 통해 생산량을 증가시키는 것을 의미한다. 시진핑 주석이 정권을 잡은 2013년 요소별 중국 GDP 성장의 공헌도를 보면 노동 투입 50%, 자본 투입 30%, 총요소생산성 20%인 전통 제조 중심의 개도국형 경제 발전이었다. 2013년 이후 매년 기술 혁신 역량 투입이 확대되면서 2018년 공헌도를 보면 노동 투입 42%, 자본 투입 26%, 총요소생산성 32%의 혁신 경제 성장 방식으로 빠르게 전환하기 시작했다.

그러나 2019년부터 미국과 중국 간의 전략 경쟁이 가속화되고 코로나 봉쇄 3년을 거치면서 중국 총요소생산성의 GDP 공헌도와 증가율이 점차 하락하고 있다. 결국 떨어지는 총요소생산성을 다시 끌어올리기 위한 전략적 접근으로 바로 신질 생산력이라는 개념이 나온 것이라고 볼 수 있다.

나아가 2024년 7월 제20기 중앙위원회 3차 전체회의(3중전회)에서 신질 생산력을 중국의 새로운 지도 이념으로 공식화했다. 3중전회는 지난 1년간의 경제 운영 결과를 토대로 다가올 집권 기간 동안의 새로운 국정 정책 아젠다를 논의하고 제시하는 회의다. 중국 국가 발전·경제·사회·민생의 중요 사안 대부분이 바로 3중전회에서 결정된다.

여기에는 미국에 대한 패권 도전의 의미를 담고 있다. 미국이 싫어하고 힘들지만 가야 하니 그래서 뭉치자라는 뜻으로, 한마디로 연구개발(R&D)에 더 많이 투자하겠다는 뜻이다. 2035년까지 미국에 대응할 수 있는 기초 체력(사회주의 시장 경제 체제 실현)을 만들고 2049년에는 경제, 군사 등 모든 영역에서 미국을 추월해 세계 최대 강국(사회주의 현대화 강국 건설)이 되겠다는 것을 의미한다. 특히 2035년 목표를 달성하기 위해 기술 자립을 위한 각종 개혁 업무를 건국 80주년이 되는 2029년까지 완성하겠다는 구체적인 미래 10년 로드맵도 제시했다.

세계 패권을 두고 벌이는 미국과 중국 간 전략 경쟁과 충돌은 오랜 기간 지속되며, 다양한 영역으로 확대될 것이다. 중국은 미 대선에서 카멀라 해리스가 승리하길 간절히 바랄 것이다. 이미 바이든 집권 시기의 대중 정책 방향에 익숙해졌고. 바이든의 대중 제재 정책에는 중국이 우회할 수 있는 공간이 존재했기 때문에 중국으로선 해볼 만한 게임이었다. 바이든 행정부의 부통령인 해리스가 당선되더라도 큰 틀에서 대중 정책의 방향이 변하지 않을 것으로 보기 때문이다. 그러나 만약 트럼프가 복귀할 경우 대중국 제재와 압박의 강도는 이전보다 더욱 강력해질 가능성이 높다. 트럼프는 기존 바이든식 동맹국과 파트너 국가들과의 대중국 제재를 진행함과 동시에 트럼프식 관세 전쟁을 일으키며 중국을 완전히 봉쇄할 가능성이 크기 때문이다.

중국이 기술 자립을 위한 신질 생산력을 국가 지도 이념으로 공식화한 것도 바로 그런 이유다. 중국 해외 직구 플랫폼의 미국 공습은 데이터 안보의 관점에서 미·중 간 정면 충돌의 또 다른 도화선이 될 것이다. 데이터는 AI 기술의 진화와 발전에 핵심이 될 것이고, 중국 AI 기술의 진화와 굴기는 결국 미국과 중국 간 첨단 군비 경쟁으로 확대될 것이기 때문이다.

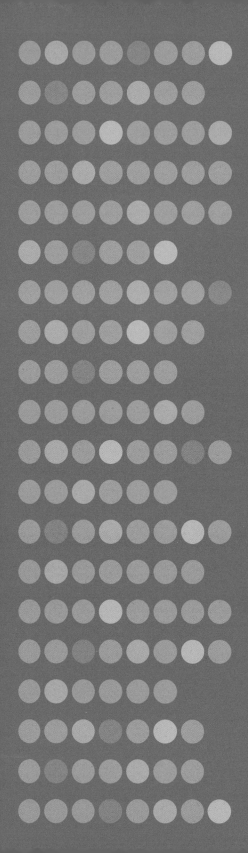

# 4장

★ ★ ★

# C-커머스의 공습,
# 우리는 어떻게 할 것인가

# C-커머스,
# 제2차 공습이 시작된다

2023년부터 C-커머스의 한국 시장 공습이 전방위적으로 확산되고 있다. 2장에서 짧게 설명한 것처럼 'C-커머스(China E-Commerce)'는 중국(China)과 전자상거래(E-commerce)의 합성어로, 중국의 대형 전자상거래 플랫폼이 한국 소비자와 직접적으로 연결되어 이루어지는 거래를 말한다.

알리익스프레스와 테무의 1차 공습이 한참인 가운데 자라와 H&M, 유니클로를 추월한 울트라 패스트 패션 쉬인이 한국 시장 진출에 나섰다. 2024년 6월 20일 쉬인코리아를 통해 이미 한국 전용 홈페이지를 개설했고, 브랜드 홍보 마케팅을 본격화했다. 쉬인은 산하 30여 개 브랜드 중 우선 하위 브랜드인 '데이지'의 첫 글로벌 앰배서더로 배우 김유정을 발탁하고 김유정이 직접 큐레이팅한 데이지의 봄·여름 컬

## 쉬인코리아 홈페이지 메인 화면

렉션을 선보이며 국내 패션 업계를 긴장시키고 있다. 데이지는 쉬인의 모회사 '로드겟 비즈니스(Roadget Business PTE. LTD.)'가 소유하고 있는 브랜드로, 쉬인을 통해서만 유통된다.

쉬인의 패션 브랜드가 국내에서 개시될 것이라는 사실은 이미 예견되어 있었다. 2022년 12월 쉬인이 한국 법인을 설립한 가장 큰 목적은 국내 젊은 디자이너들과의 협업을 통해 트렌디한 디자인을 받아들이고 중국 광저우에서 제작된 쉬인 패션 의류 제품을 전 세계 150여 개 국가로 수출하는 데 물류 기능을 담당하기 위해서였다. 이와 동시에 한국 내수 시장으로 진출하기 위한 사업 준비를 꾸준히 진행해 오고 있었다.

국내 패션 업계는 올 것이 왔다는 분위기다. 스파오·탑텐 등 국내 제조·유통 일원화(SPA) 브랜드뿐만 아니라 무신사·에이블리·지그재그·W컨셉 등 패션 플랫폼들의 발걸음도 빨라지고 있다. 무엇보다 쿠쿠·네이버·11번가 등 대형 이커머스 플랫폼에서 판매되고 있는 의류 패션의 절반 이상이 중국에서 생산한 제품으로 이들 매출에 직접적인 영향을 미칠 가능성이 커졌다. 7,600원의 트렌치 코트, 4,000원의 청바지 등 초저가 쉬인의 공습이 알리익스프레스와 테무에 이어 2차 공습을 예고하는 것이다.

혹자는 '국내 소비자들이 알리와 테무의 1차 공습 때 이미 학습했기 때문에 무조건 저렴하다고 해서 품질 낮은 쉬인 제품을 구매할 가능성은 낮다'고 이야기한다. 그러나 쉬인의 빅데이터와 AI 기반의 글로벌 디자인 역량, 자체적인 제조 공급망 능력이 알리익스프레스와 테무와는 다르다. 모든 생태계가 쉬인의 수직 계열화 시스템에서 움직이고 있기 때문이다.

쇼퍼테인먼트의 절대 강자인 틱톡샵도 한국 시장 진출을 준비하고 있다. 틱톡샵의 한국 진출에 대해 틱톡은 '공식적으로 한국에 진출할 계획이 없다'라고 언급하고 있지만, 2023년 12월 틱톡샵 상표의 국내 출원부터 이커머스 관련 직원 채용 등의 움직임으로 추측컨대, 결국 시간 문제다. 틱톡샵의 한국 시장 진출이 지연되는 이유는 국내에 팽배해져 있는 C-커머스에 대한 부정적인 여론과 틱톡샵의 풀필먼트 생태계 구축 미흡, 홍보 마케팅 전략 차원 등 여러 가지 요인이 있다. 그러나 그중에서 가장 큰 요인은 쏟아지는 한국 내 비판 여론의 소나기를 우선 피해 가는 것이 낫다는 전략적 접근이 크게 작용했을 가능성이 크다.

이미 틱톡이 한국에서 '클라이언트 이커머스 파트너' 직군으로 40명이 넘는 많은 마케팅 및 영업 전문 인력을 채용하기 시작했다. 결국 한국 시장 진출의 전략적 시점을 고민하고 있을 뿐 틱톡샵의 한국 진출은 이미 시장에서는 기정사실로 받아들이고 있다. 아니 땐 굴뚝에 연기가 나지 않는다는 것이다.

틱톡샵은 알리익스프레스, 테무와 달리 뷰티·패션 상품을 주력으로 하고 있기 때문에 글로벌 영향력을 가지고 있는 K뷰티, K패션, K콘텐츠 시장으로의 진출은 매우 상징적인 의미를 가지고 있다. 한국 이커머스 시장에서 틱톡샵의 매출을 증대시키는 것은 물론, 틱톡샵이 글로벌 시장으로 확대하고 성장하는 데에도 한국은 매우 중요한 전략적 가치가 있다고 판단하고 있는 것이다. 따라서 틱톡샵의 한국 진출을 당연한 수순으로 보고, 그에 따라 한국의 뷰티, 패션 제조 및 생태계에 가져올 변화와 파급에 주목해야 한다.


## 1688닷컴의 진화, 제2의 C-커머스 공습이 될 것인가

'1688 상인절(商人节)'을 들어 보았는지 묻고 싶다. 대부분 매년 11월 11일에 벌어지는 글로벌 쇼핑 축제로 성장한 광군제는 알고 있지만, 상인절을 알고 있는 사람은 많지 않다. 1688 상인절은 알리바바그룹 산하 내수 도매 사이트인 1688닷컴이 중국 중소 제조 기업들의 매출을 확대하기 위해 만든 전국 규모의 판촉 행사다. 2017년 12월 처음 개최되어 매년 분기별로 3월·6월·9월·12월 총 네 차례 개최된다. 1688닷컴은 이 행사를 통해 다양한 제품군의 중국 중소 제조 공장을 유인하면서 거래액과 회원 수를 지속적으로 증가시키고 글로벌 최대 도매 B2B 플랫폼으로 성장했다. 현재 220여 개 국가의 글로벌 상인들이 1688닷컴에서 제품을 판매하고 있으며 1,400만 개가 넘는 온라인 점포가 개설되어 있다.

최근 1688닷컴의 한국 시장 진출에 대해 갑론을박이 진행되면서 1688닷컴에 대한 관심과 그에 따라 우리 산업에 미칠 영향에 대한 우려가 커져가고 있다. 우선 1688닷컴이 도대체 어떤 성격의 온라인 플랫폼이고 알리익스플레스와는 어떻게 다른지를 알아보고 이해할 필요가 있다.

알리바바그룹 산하 B2B 사업 플랫폼은 알리바바닷컴과 1688닷컴으로 구분되는데 모두 1998년 마윈의 알리바바 창업과 그 맥을 같이한다. 알리바바닷컴은 영문 사이트로 중국 중소 제조 기업과 해외 기업을 이어 주는 B2B 전자상거래 서비스고, 1688닷컴은 중국 내수 도소매업자를 연결하는 중국어 중계 플랫폼으로 시작되었다.

'1688'의 의미는 중국어 발음인 '이루파파(一路发发)'를 연상시켜 '일마다 대박나세요. 돈 많이 버세요'라는 뜻을 가지고 있다. 알리바바는 '순조롭다'는 뜻의 '6'과 '돈을 벌다'는 뜻의 '8'을 기업 경영에 유난히 많이 활용한 기업 중 하나로 꼽힌다. 알리바바그룹이 2007년 11월 홍콩 증권거래소에 상장할 때 종목 코드는 '1688'이었고, 2014년 9월 알리바바그룹이 미국 뉴욕거래소에 상장할 때 예탁증권(ADS) 발행가 역시 68달러였다. 그리고 2019년 11월 다시 홍콩 증시로 돌아올 때 종목 코드도 9988이었다.

1688닷컴은 기존 중국 도소매 기업을 연결하는 B2B(기업 간 거래) 중심에서 현재 B2B, B2C(기업과 소비자 간 거래)와 국경 간 비즈니스의 3개의 비즈니스 영역으로 진화되고 있다. 1688닷컴은 알리바바그룹의 적장자로서 알리바바그룹이 온라인 쇼핑 사업에서 성공하는 데 일등 공신이라고 해도 과언이 아니다. 중국 최고 C2C 플랫폼으로 성장한 타오바오의 성공도 결국 1688닷컴의 후원과 도움이 없었다면 불가능했다.

또한 도우인과 콰이쇼우의의 숏폼 커머스, 핀둬둬와 중국판 인스타그램으로 불리는 샤오홍수 등 공동구매 플랫폼에 입점해 있는 중소판매자 대부분도 1688닷컴을 통해 도매로 제품을 사입해 마진을 붙여 판매해 돈을 버는 구조다. 이렇게 1688닷컴은 태생적으로 제조 공장과 도매상을 연결하는 B2B 사업으로 시작하며, 중국 이커머스 산업을 성장시키는 데 견인차 역할을 했다.

그러나 기업 확장성과 매출액 증가 등의 측면에서 1688닷컴의 자체 성장에 한계를 느끼게 되었고, 2022년 알리바바 국제 비즈니스를 총괄하고 있던 위용(余涌) 대표가 1688닷컴 업무를 맡으면서 B2C 사업을 본격화하기 시작했다.

1688닷컴이 판매자 중심의 B2B 사업에서 구매자 중심의 B2C 사업으로 확장하게 된 결정적 계기는 바로 핀둬둬와 테무의 글로벌 성장이었다. 2023년 기준 미국 증시에 상장해 있는 핀둬둬의 시가 총액이 2,011억 달러인 반면, 알리바바는 1,843억 달러에 불과했다. 결국 자본 시장도 B2C 비즈니스의 미래 성장 가능성에 무게를 두고 있다는 것과 핀둬둬의 성장에 1688닷컴 플랫폼이 중요한 역할을 했다는 것이다.

알리바바의 최대 경쟁자로 떠오른 핀둬둬는 2015년 9월 설립된 회사다. 공동구매 기반의 초저가 전략으로 중국 온라인 쇼핑 시장을 공략해 알리바바의 위협적인 존재로 부상했다. 특히 코로나19 팬데믹 이후 중국 경제 침체가 심화되면서 중국 소비자들의 가성비 선호 트렌드가 뚜렷해지며 빠르게 성장해 오고 있다. 알리익스프레스도 후발주자인 핀둬둬의 자회사인 테무에 위협을 받으며 조급해진 상황이다. 1688닷컴은 핀둬둬와 치열한 초저가 경쟁을 벌이고 있는 상황에서 B2C 업무를 키워 핀둬둬에 뺏긴 소비자를 다시 뺏어 오겠다는 속내다.

2023년 기준 1688닷컴의 구매 회원이 약 2억 명으로, 그중 B2B 사업군 구매자가 6,500만 명이고 나머지가 B2C 구매자들이다. 2023년 1억 5,000만 개가 넘는 상품이 판매되었고 연간 거래액이 8,000억 위안(약 153조 원)으로 오프라인 위탁 거래까지 포함하면 3조 위안(약 570조원)에 이른다.

1688닷컴의 구매 회원은 일반적으로 도매상들의 경우, 일반 회원인에서 가장 높은 L6까지 총 7단계로 구분되며 등급에 따라 할인율과 혜택이 달라진다. 한편 개인들도 1688닷컴을 통해 물건을 구매할 수 있는데 이를 위한 것이 바로 '플러스(PLUS) 회원' 제도다. 현재 플러스 회원의 연회원 비용이 99위안(약 1만 9,000원)으로 처음 회원으로 가입하면 70위안 쿠폰도 제공된다.

사실 L6와 플러스 회원 간에는 별 차이가 없다. L6가 할인되는 상품들의 수가 플러스 회원보다 많기는 하지만 할인율은 모두 최대 5%를 적용받기 때문에 별 차이가 없다. 한편 플러스 회원을 위해 매주 수요일마다 300위안 구매 시 30위안 할인 행사하는 회원 마케팅 세일도 진행된다. 최근 1688닷컴의 개인 회원이 늘어나는 이유이기도 하다. 2023년 플러스 회원 증가율이 전년 대비 200% 증가했고, 그중에서 50% 이상이 1, 2선 도시에 사는 20~35세 연령대의 소비층이다. 1688닷컴의 B2C 사업 방향과 전략은 3가지로 다음과 같이 요약할 수 있다.

첫째, B2C 온라인 사업의 '코스트코(Costco)화', '샘스클럽(Sam's Club)화' 전략이다. 1688닷컴은 AI 기반의 디지털 제조 공급망을 구축하고 플러스 회원제를 중심으로 초저가 제품으로 구성된 '온라인 코스트코'를 구축하려고 한다. 미국의 대표적 회원제 할인 유통 매장인 코스트코와 샘스클럽보다 20~30%의 저렴한 가격으로 글로벌 제품을 공급해 소비자를 록인시킨다는 전략이다. AI와 빅데이터를 기반으로 소비자의 구매 패턴과 구매 주기에 맞춰 맞춤형 할인 제품을 적극 소개함으로써 매출을 확대한다는 것이다.

둘째, 국경 간 비즈니스(Cross Border Trade) 사업의 확대다. 최근 동남아 국가 중심으로 B2B, B2C 해외 구매자가 늘어나고 있는 추세로, 2023년 해외 구매자 수가 전년 대비 76% 증가했다. 1688닷컴은 기존 B2B 중심의 자국 시장에서 나아가 B2C 비즈니스 역량을 강화함으로써 글로벌 시장을 공략하겠다는 것이다. 1688닷컴은 중국의 국경 간 거래 시 발생하는 결제 문제를 개선하기 위해 2024년 1월 호주 핀테크 유니콘 기업인 에어월렉스(Airwallex)와 전략적 제휴를 체결했다. 이를 통해 국경 간 전자 결제 서비스를 강화하는 계기를 마련했다. 2024년 5월에는 동남아 이커머스 플랫폼 기업인 쇼피(Shoppy)와 업무 협약을 통해 몽골 시장 진출에 나섰다. 1688닷컴이 한국 시장에 본격적으로 진출할 가능성에 무게가 실리는 이유가 여기에 있다.

셋째, 중저가 브랜드, 공장 브랜드를 세분화해 저가 및 초저가 제품군을 다양화하고, 디지털 공급망을 통해 1688닷컴 특유의 C2M (Consumer to Manufacturer) 모델을 구축하겠다는 것이다. 현재 1688닷컴에 입점해 있는 제조 공장의 수가 100만 개가 넘은 상태로, 그 수를 더욱 확대해 불필요한 중간 유통 단계를 없앤 초저가 제품군으로 재정비한다는 전략이다. 중국 내 약 670만 개의 제조 공장이 있는데 아직 1688닷컴에 입점하지 않은 제조 공장들의 유입을 확대시켜 글로벌 최대의 B2B 도매 거래 사이트이자 B2C 이커머스 플랫폼으로도 도약하겠다는 야심이다.

최근 상품 조달·배송·공급망 관리의 이커머스 전반적인 업무를 담당할 한국 직원 채용을 두고 시장에서는 1688닷컴의 한국 시장 진출이 가시화될 것으로 보고 있다. 한국 소매 시장으로 바로 진출하든 국내 협력 파트너사를 통해 우회 진출하든 1688닷컴의 한국 이커머스 사업은 구체화될 가능성이 크다. 1688닷컴은 최근 한국에서의 C-커머스에 대한 부정적 여론, 알리익스프레스와의 전략적 업무 포지셔닝과 물류 활용 등 다양한 요인들이 산재해 있는 상태에서 가장 최적의 방안을 선택할 것이다.

쿠팡을 비롯한 11번가·네이버·G마켓 등 대형 플랫폼에서 판매되는 제품 대부분을 1688닷컴을 통해 구입해 중간 마진을 붙여 판매하는 구조이기 때문에 1688닷컴의 국내 진출은 제2의 C-커머스 공습의 서막이 될 수도 있다. B2B 기반의 1688닷컴은 알리익스프레스와 테무보다 훨씬 저렴한 가격으로 공략할 것이고 그것은 곧바로 국내 플랫폼, 판매 대행사의 매출 하락으로 이어지면서 우리 제조 및 유통 생태계에 직접적인 타격을 줄 것이다. 1688닷컴의 변화와 진화에도 우리가 관심을 가져야 하는 이유다.

### 알리익스프레스의 장자, 알리바바닷컴은 왜 한국을 선택했는가?

중국의 '3월 엑스포(March EXPO)'를 들어 본 적 있는가? 베이징 중국 국제서비스무역교역회(CIFTIS), 상하이 중국국제수입박람회(CIIE), 광저우 중국국제수출입상품교역회(Canton Fair)와 같은 중국 국가급 3대 수·출입 박람회는 알고 있지만, 3월 엑스포를 알고 있는 사람은 많지 않다. 3대 수·출입 박람회가 오프라인 박람회라면 3월 엑스포는 온라인으로 진행되는 글로벌 무역 거래 전시 박람회다. 알리바바닷컴이 글로벌 중소기업들의 온라인 무역 거래를 활성화하기 위해 2017년부터 진행하고 있는 행사로 매년 3월 5일~31일까지 한 달가량 진행하기 때문에 3월 엑스포로 불린다. 新상인·新제품·新서비스·新시장의 글로벌 무역 축제라는 의미에서 중국에서는 '신마오절(新贸节)'이라고 불린다.

알리바바닷컴은 2024년 개최된 3월 엑스포에서 가구·식품·전자·기계 등 다양한 업종의 2,000만 개가 넘는 우수 제품을 온라인 전시를 통해 중국 B2B 중소기업의 해외 수출을 지원했다. 입점해 있는 글로벌 중소 수·출입 기업들에게 물류·결제·금융 등 다양한 국경 간 무역 거래 서비스를 제공하면서 온라인 거래 규모를 키워오고 있다.

알리바바닷컴은 전 세계 200여 국가 및 지역의 4,700만 활성 B2B 바이어가 있고, 약 6,000개에 이르는 제품 카테고리를 통해 일일 평균 50만 건 이상의 구매 문의(Inquiry)가 들어오는 글로벌 최대의 B2B 국경 간 전자상거래 플랫폼이다. 알리바바닷컴의 수요자 시장(수입 바이어)과 공급자 시장(수출 판매자)의 국가별 분포를 보면, 수요 시장은 북미·유럽·호주 등 지역에서 한국·일본 등 아시아와 라틴 아메리카 국가로 확대되고 있다. 한편 공급 시장은 중국·인도·베트남·튀르키예 등 아시아 국가 중심으로 형성되어 있다. 공식 등록된 1억 5,000만 개의 회원을 기반으로 매년 온라인 거래액이 500억 달러에 이르고, 2023년 기준 약 3,500억 달러의 B2B 수출을 지원하며 중국 도매 및 제조 기업의 해외 수출에 있어 첨병 역할을 하고 있다.

알리바바닷컴은 1998년 원화 약 8,300만 원의 초기 자금으로 설립된 알리바바그룹이 1999년에 구축한 첫 번째 글로벌 플랫폼이다.

알리바바 창업자 마윈은 2000년에 소프트뱅크 손정의 회장을 찾아가 알리바바닷컴 사업 모델을 설명하고 5분 만에 2,000만 달러의 투자를 받았는데, 그 일화는 지금도 회자되고 있다. 알리바바닷컴은 알리바바그룹의 출발점이자 장자(長子)인 셈이다.

알리익스프레스(B2C)의 공습과 1688닷컴(B2B 도매)의 한국 진출이 가시화되고 있는 상황에서 최근 알리바바닷컴까지 한국 기업 전용 웹사이트 '한국 파빌리온'을 오픈하며 한국 시장 진출을 예고했다. 알리바바닷컴은 한국 중소기업들의 글로벌 경쟁력을 강화하고, 해외 판로를 개척하는 데 적극적으로 지원할 것이라고 밝혔다. 특히 국내 협력 파트너사의 온라인 판매 솔루션을 통해 5,000여 개의 한국 중소기업이 글로벌 B2B 시장에 진출할 수 있도록 지원할 계획이라고 강조했다.

국내 산업계와 시장에서는 알리바바닷컴의 한국 시장 진출을 두고 글로벌 진출을 위한 플랫폼으로서 의미가 있다는 의견과 1688닷컴에 이어 알리바바닷컴을 통해 저렴한 중국산 B2B 제품이 들어오면 국내 판매자와 소상공인들의 피해가 더 커질 수도 있다는 의견이 팽배하게 맞서고 있다. 알리바바닷컴의 한국 전용 사이트 구축과 진출 가속화가 앞으로 국내 시장에 어떠한 사업 기회와 변화를 가져올지 세부적인 분석과 그들의 속내를 살펴볼 필요가 있다.

2000년부터 한국 B2B 기업을 대상으로 알리바바닷컴은 홍보와 마케팅을 지속해 왔고, 2021년에는 한국 기업 전담팀까지 운영하며 우리 중소 브랜드의 해외 수출(아웃바운드)과 원부자재·중간재 및 가성비 좋은 중국산 제품을 수입(인바운드)하는 국내 중소기업을 지원했다. 알리바바닷컴 자료에 의하면, 지난 1년간(2023년 6월~2024년 6월) 한국산 자동차 부품(300%), 라면(82%), 스킨케어(80%), 마스크 시트(70%), 홍삼(69%), 산업용 부품(45%)은 알리바바닷컴을 통한 글로벌 수출 성장세가 높다. 특히 K뷰티의 경우 알리바바닷컴을 통해 브라질(260%)·독일(253%)·인도(95%)로 수출이 많이 늘어났다고 밝혔다. 이러한 한국 제품 경쟁력을 바탕으로 알리바바닷컴에 입점해 있는 글로벌 셀러들에게 K뷰티·K푸드 등 제품 수출을 확대하기 위해 아시아 국가 최초로 B2B 한국 전용관을 오픈한다고 밝혔다.

알리바바닷컴이 2024년 8월 8일 공식적으로 한국 전용관을 오픈하며 한국 사업에 적극 나서는 이유는 그 밖에도 여러 가지 이유가 있을 수 있다. 첫째, 중국 경제 침체에 따른 수요 부진으로 중국 내 매출 하락이 심화됨에 따라 글로벌 시장 진출을 확대해야 하기 때문이다. 우수한 한국 제품의 경쟁력과 글로벌 시장 진출의 교두보로서 한국이 최적화된 시장이라고 보는 것이다. 둘째, 알리바바그룹의 B2B 및 B2C 플랫폼이 가격 경쟁력은 있지만, 글로벌 차원에서 아직 제품 신뢰도가 낮은 약점을 보완하기 위한 목적이다. 경쟁력 있는 한국 제품을 입점시켜 대외적으로 플랫폼 이미지를 제고하는 효과가 있기 때문이다. 셋째, 이미 한국에 진출해 있는 알리익스프레스를 활용해 상호 윈윈의 시너지 효과를 창출하겠다는 속내다. 예컨대 알리익스프레스가 구축하게 될 통합 물류 창고를 알리바바닷컴도 활용할 수 있다는 것이다.

우선 알리바바닷컴은 3단계로 나누어 발전하고 진화하고 있다. 1단계(1999~2009년)는 '365일 하루도 쉬지 않는 캔톤페어(광저우 중국국제수출입상품교역회)'라는 모토 아래 다양한 영역의 수·출입 무역 정보를 제공하는 온라인 플랫폼 구축 단계였다. 2단계(2010~2019년)는 2010년 중국 최초의 중소기업 수·출입 아웃소싱 서비스 플랫폼인 '이다퉁(一達通)'을 인수하면서 중국 판매자들에게 통관, 물류 등 편리화 서비스를 제공하고 제품과 기업 데이터를 축적하는 시기였다. 3단계(2020~현재)는 축적된 데이터를 기반으로 AI와 빅데이터 기술을 이용해 기업 간, 국경 간 디지털 무역 시스템을 구축하면서 글로벌 시장으로 사업 영역을 확대하고 있다. 2022년 4월 알리바바는 판매자를 위한 육상-해상 운송 원스톱 솔루션을 제공하기 시작했고, 5월에는 셀러와 바이어 모두 쉽게 육송-해상의 복합 운송 상황을 확인할 수 있는 글로벌 물류 추적 시스템을 구축한 바 있다.

한국 진출을 포함해 알리바바닷컴의 글로벌화 전략은 3가지로 요약된다.

첫째, '알리 AI 무역 시스템' 최적화를 통해 중소기업 제품의 맞춤형 해외 구매와 조달을 적극적으로 지원한다는 전략이다. 2023년 기준 알리바바닷컴의 'AI 사업비서' 기능을 활용해 해외 구매와 조달을 하는 중국 기업 수가 1만 7,000여 개에 이른다. AI 사업비서를 통해 글로벌 제품 검색과 소싱 비율이 점차 높아지면서 외국 기업들의 입점과 이용률도 증가하는 추세다.

2024년 3월 알리바바닷컴은 중국 기업의 해외 수출을 지원하기 위한 'AI 해외 수출 계획(AI出海計劃)'을 발표한 바 있다. AI와 빅데이터를 기반으로 국경 간 무역 거래에 익숙하지 않은 중소 제조 기업을 도와 수출을 지원한다는 것이다. 한편, 2023년 11월 알리바바닷컴은 국경 간 이커머스 스마트 솔루션인 OKKI도 정식 출시했다. 서비스형 소프트웨어(SaaS) 솔루션 사업도 본격화되면서 2023년 알리바바닷컴의 전체 서비스형 소프트웨어 제품 판매액도 전년 대비 74% 증가했다. 알리바바 클라우드 기반의 서비스형 소프트웨어는 별도의 소프트웨어나 어플리케이션을 설치하지 않고 쉽게 인터넷을 통해 수·출입 지원 서비스를 제공받는 방식이다.

둘째, 국가별 제품 경쟁력에 따른 특성화된 플랫폼 운영과 물류 활용 전략이다. 알리바바닷컴은 2023년 9월부터 동남아관·북미관·유럽관 등 국가관을 운영하기 시작했다. 해당 국가 시장의 특징과 장점을 기반으로 온라인 국가관을 개설해서 수익을 제고한다는 방침이다. 가령 2023년 10월 알리바바닷컴은 동남아 국가관을 개설해 동남아 시장을 개척하고 있고, 이를 위해 20여 개의 물류·수송 노선을 확대해 '주문 후 2일 도착' 목표를 실현한다는 것이다. 2024년 8월 8일 한국 전용관을 개설한 것도 그런 맥락이다. 예를 들어, 뷰티 제품 같이 경쟁력 있는 한국 제품을 중심으로 글로벌 수출을 지원하고 알리바바닷컴 수익도 확대한다는 것이다. 또한 북미 및 유럽 시장으로 수출을 확대하기 위해 한국의 빠르고 다양한 물류 인프라를 활용함과 동시에 글로벌 물류 비용도 절감할 수 있다는 속내다.

셋째, B2B 모델에 반완전위탁방식을 새롭게 시도했다. 반완전위탁방식은 2023년 하반기부터 알리익스프레스와 테무 등 B2C 플랫폼들이 운영하고 있는 시스템으로, 자체 해외 물류 창고가 구축되면서 적극적으로 추진되었다. 완전위탁방식과 반완전위탁방식의 차이점 중 하나가 해외 물류 창고의 유무 여부다. 완전위탁방식은 판매자가 제품을 플랫폼이 지정한 집하 장소에 옮겨 놓기만 하면 플랫폼이 모든 프로세스를 운영하는 것이고, 반완전위탁방식은 국제 물류, 해외 창고 입고 등을 판매자가 책임지는 방식이다. B2B 플랫폼에 반완전위탁방식을 도입한 것은 알리바바닷컴이 처음이다.

알리바바닷컴은 2024년 1월 B2B 반완전위탁 사업을 공식화했고, 바로 해외 창고에 제품을 입고시킬 수 있는 판매자를 모집하기 시작했다. 그리고 2월 18일부터 북미관, 유럽관을 통해 미국·캐나다·멕시코·영국·독일 등 6개국으로 진출하기 위한 반완전위탁방식 사업을 공식화했다. 알리바바닷컴이 한국에 진출하게 되면 우리에게 기회와 위협이 상존할 수밖에 없다. 우리 중소기업의 글로벌 진출을 돕는 플랫폼의 역할을 하지만, 반대로 알리익스프레스+1688닷컴+알리바바닷컴의 3자간 가격 경쟁력과 물류 창고 협업을 통해 더욱 강력한 플랫폼으로 성장하게 될 것이고, 국내에 미칠 파급 효과가 더욱 커질 것이다. 관건은 알리익스프레스의 국내 물류 창고 규모와 구축 시기에 달려 있다.

# 초저가 괴물에 죽어가는
# 한국 산업 생태계

"C-커머스 공습이 더욱 심화되면 다이소와 올리브영도 얼마 버티지 못할 수 있습니다."

시장에서 돌고 있는 얘기다. 다이소는 1997년 천호동 1호점을 시작으로 2023년 기준 전국적으로 1,500개가 넘는 오프라인 매장을 운영하고 있다. 2010년대만 해도 다이소 제품의 중국산 비중이 50% 이상이었지만, 점차 그 비중을 줄여 국산 비중을 60% 이상으로 올린 것으로 알려져 있다. 또한 다이소는 더 싸고 좋은 상품을 제공하기 위해 세계 35개국의 3,600개가 넘는 제조 기업을 통해 제품을 납품받고 있고, 국내에서도 700개가 넘는 제조 기업으로부터 제품을 제공받고 있다. 그 결과 다이소는 글로벌 이커머스의 성장에도 불구하고 매출 3조 원의 거대 기업으로 성장했다.

그러나 C-커머스 공습이 가속화될 경우 다이소 역시 직간접적인 타격을 받을 수밖에 없다는 것이다. 우선 여전히 다이소의 많은 제품들이 메이드 인 차이나이고, 35개국 3,600여 개의 해외 제조상들은 B2B 도매 중계 사이트인 1688닷컴의 한국 진출이 가시화되면 직접적인 영향을 받을 수밖에 없다.

무엇보다 국내 700개가 넘는 제조 기업 생태계가 C-커머스의 공습에 어느 정도 버틸 것인가이다. 제조 기업 입장에서는 다이소의 매출이 하락하면 C-커머스 플랫폼으로 이동하거나 폐업을 하게 될 가능성이 크다는 것이다. 다이소만 믿고 제조 공장을 운영할 수만은 없다는 얘기다. 이런 부정적 도미노 현상이 현실화될 경우 다이소는 다시 중국산 비중을 늘려야 할 수밖에 없는 구조로 내몰릴 수 있다.

미국판 다이소라고 불리는 달러 트리(Dollar Tree)와 달러제너럴(Dollar General)의 위기가 곧 닥쳐올 수도 있다. 미국 저가 상품 판매점 체인 패밀리 달러가 2024년 4월부터 매장 약 1,000곳을 폐쇄하기 시작했다. 2015년 패밀리 달러를 인수한 달러 트리는 기존 달러 트리 매장 약 8,000곳과 패밀리 달러 매장 8,000여 곳을 운영해 왔으나 2024년을 기점으로 폐업하는 매장 수가 더욱 늘어나고 있다. 달러 트리는 2023년 4분기부터 시작된 순손실 규모도 더욱 확대됨에 따라 나스닥에 상장된 달러 트리 주가도 하락세를 이어 가고 있다. 인건비가 증가하고 경기 위축에 따른 저소득층의 소비가 부진한 상황에서 테무의 미국 공습은 직격탄이 된 것이다.

소비자 데이터 분석 기업인 어니스트 애널리틱스 자료에 따르면, 2023년 저가 제품 시장에서 테무의 시장 점유율이 0%에서 14%로 오르는 동안, 달러제너럴은 점유율이 8%포인트, 달러 트리는 4%포인트 하락했다. 급변하는 시장 트렌드와 C-커머스 공습에 대응하지 못할 경우, 다이소 역시 직간접적인 타격을 받을 가능성이 커져 가고 있다.

게다가 틱톡샵까지 한국 시장에 진출하게 되면 국내 홈쇼핑 생태계도 무너질 수 있다. 이미 알리익스프레스와 테무의 공습으로 홈쇼핑 기업의 매출이 영향받기 시작했다. 홈쇼핑에서 제품이 히트를 친지 한 달도 되지 않아 바로 중국산 '미투상품(모방상품)'이 알리익스프 레스와 테무에서 판매되면서 직접적인 피해를 받고 있다. 비슷한 성 능의 제품을 3분의 1 가격으로 구매할 수 있다는 장점 때문에 빠르게 입소문이 나고 있는 것이다.

2023년 말부터 홈쇼핑에서 크게 흥행한 두유 제조기가 대표적인 사례다. 전기포트와 믹서기가 결합한 형태인 두유 제조기는 불리지 않은 생콩과 물을 넣어 주면 20~30분 안에 따뜻한 두유를 만들어 마 실 수 있다. 두유 외에도 죽·수프·이유식·ABC주스 등 곱게 갈아 먹 는 다양한 음식을 만들 수 있는 기계로 20~40대 여성들에게 큰 호응 을 얻었다. 그런데 최근 알리익스프레스와 테무를 통한 두유 제조기 구매가 빠르게 확산되자 홈쇼핑 기업이 타격을 받게 된 것이다.

**두유 제조기 한국산과 중국산 판매 가격 비교**

| | | |
|---|---|---|
| 한국 브랜드 | 에버홈(1,200ml) | 13~20만 원대 |
| | 오쿠(600ml) | 11~17만 원대 |
| | 베스트하임(1,000ml) | 7~10만 원대 |
| 중국 브랜드 | 알리익스프레스 및 테무 | 2~4만 원대 |

출처: 국내 오픈마켓 및 C-커머스 플랫폼

단순히 홈쇼핑을 넘어 두유 제조기를 직접 생산하고 있는 국내 제 조 기업들도 영향을 받고 있는 셈이다. 중국 제조 생태계의 장점인 저 렴한 가격과 더불어 관세와 부가세 면제, KC인증(국가인증통합마크) 비

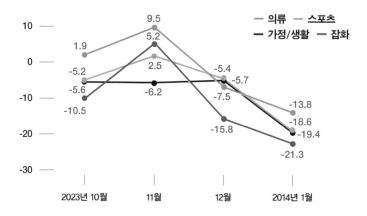

**대형마트 상품군별 매출 증감률 추이(단위: %)**

출처: 산업통상자원부, 전년 동월 대비 기준, 이마트 · 홈플러스 · 롯데마트 3사 대상

용까지 없으니 가격 차이가 50% 이상 저렴하게 팔리고 있는 것이다. 우리 제조와 홈쇼핑 생태계를 완전히 파괴시키고 있다.

국내 홈쇼핑 산업은 국내외 전자상거래 업체의 급성장과 미디어 환경의 급격한 변화로 이미 성장이 정체되기 시작했다. 거기에 C-커머스의 공습이 심화되면서 유료 방송 생태계가 위협을 받자 정부가 전담반(TF)을 구성하며 직접 나서기 시작했다. 홈쇼핑 산업의 활성화와 경쟁력 제고를 위해 홈쇼핑 제도 전반에 걸친 다양한 방안을 논의한다고 하지만, 지금과 같은 방식으로는 C-커머스의 진화와 변화에 결코 대응하기 힘들다. 홈쇼핑은 유통과 제조를 연결하는 유통 플랫폼으로 단순히 유통의 관점에서 보면 C-커머스의 공습에 생존하기 어렵다. 이마트, 홈플러스, 롯데마트 등 국내 대형마트 3사도 C-커머스 공습에 영향을 받아 매출액이 하락하고 있는 추세다.

더구나 쿠팡의 공세와 함께 C-커머스 공습은 이마트, 홈플러스, 롯데마트의 대형마트도 위협하고 있는 상황이다. 이마트의 경우 매장 축소 및 인원 감축을 해법으로 리스크 헷징[06]에 나섰다. 무엇보다 의류, 스포츠 용품, 생활 용품, 각종 공산품의 매출 하락이 심하게 일어나고 있다. C-커머스의 영향으로 식품보다 비식품 제품의 매출이 급격히 하락하고 있는 추세다.

산업통상자원부 자료에 의하면, 대형 3사 마트의 비식품군 매출은 2024년 1월 기준 2022년 2월(-14.6%) 이후 23개월 만에 가장 많이 감소했다. 제품별로 보면 일용잡화(-21%), 생활 용품(-19%), 스포츠용품(-19%), 의류(-14%) 등의 순이다. 대형 3사 마트에서 판매되고 있는 일용잡화 및 생활 용품, 공산품 대부분이 국내 유통 기업을 통해 들어온 메이드 인 차이나 제품이거나 국내 중소제조업체가 OEM 혹은 ODM 방식의 위탁제조방식으로 중국 현지에서 제조한 것들이다.

알리익스프레스, 테무를 기반으로 한 C-커머스의 공습은 우리 제조, 유통 및 플랫폼 생태계 전반에 걸쳐 직접적인 영향을 미치고 있다. 중소기업중앙회, 소상공인연합회, 중소기업융합중앙회, 한국온라인쇼핑협회 등 대한민국 중소 소상공인이 회원으로 있는 단체들이 바빠지기 시작했다. 2024년 초부터 시작된 C-커머스의 공습으로 제조와 유통 등 산업 전반에 걸쳐 초조함이 고스란히 드러나고 있다.

---

06  기업이 위험으로부터 자산을 보호하기 위해 어떤 조치를 취하는 것

2024년 3월 중소기업중앙회가 제조업 및 도소매업의 320개 회원사를 대상으로 실시한 알리익스프레스·테무·쉬인 등 중국 이커머스 해외 직구로 인한 피해 의견 조사 결과를 발표한 바 있다. 그 결과 C-커머스 공습이 매출 감소에 크게 영향을 미쳤다고 답한 비중이 14.2%, 다소 영향 미쳤다가 18.8%, 그리고 현재는 영향이 없으나 향후 매출 감소가 예상된다가 47.8%로 전체 응답 기업 중 80.8%가 직접적인 매출 감소 영향을 받고 있다. 표본 조사지만 우리 중소 제조 및 도소매업 대부분이 C-커머스 영향력에 들어가 있다는 것을 의미한다.

그 밖에 서비스 및 유통 산업 생태계도 조금씩 무너지고 있는 실정이다. 국내 서비스와 유통 분야의 경우, 주로 소상공인들이 90% 이상을 차지하고 있다. 700만 개의 소상공인을 대표하는 소상공인연합회도 유통 생태계가 온라인 위주로 빠르게 변화한 데 이어 알리익스프레스·테무 등 중국 이커머스의 국내 진출로 인해 매출 하락이 더욱 가속화되고 있다고 어려움을 호소하고 있다.

소상공인연합회는 대한민국 각 영역 서비스 및 유통 분야의 60여 개 관련 협회가 모인 단체로, 2014년 설립된 700만 소상공인을 대변하는 유일한 법정 경제 단체이다. 대한민국 전체 사업체 수의 93.8%, 종사자 수의 43.8%를 담당하는 우리 경제를 움직이는 중요한 축이라고 볼 수 있다. 산하 60여 개 관련 협회 면면을 살펴보면 대략 15개 관련 단체가 C-커머스의 직접적인 영향을 받고 있는 실정이다. 한국산업용재협회, 한국공구철물산업협동조합, 한국인테리어경영자협회,

한국수퍼마켓협동조합연합회, 한국주얼리산업협동조합연합회 등 다수 협회와 협동조합 회원인 중소기업의 경우 이미 매출 하락이 심하게 일어나고 있다.

문제는 C-커머스의 진화에 따라 그 피해와 영향이 더욱 확대될 가능성이 크다는 것이다. 이 밖에도 우리 중소 및 영세 기업 생태계의 댐이 조금씩 무너지고 있는 것으로 보인다. 예를 들자면 C-커머스 플랫폼을 통해 무관세로 저가의 중국산 수입 가구가 들어오면서 치열한 가격 경쟁이 벌어져 서울경인 가구공업협동조합 회원사들의 매출에도 영향을 미치고 있다.

한국완구공업협동조합 회원사들에 미치는 영향은 더욱 심각하다. 완구 제조의 경쟁력이 빠르게 중국으로 넘어가면서 안 그래도 어려운 환경에 처해 있는 국내 중소 완구 기업들의 매출이 30% 이상 감소

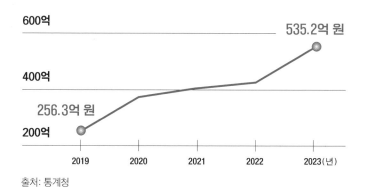

국내 소비자의 '중국 아동·유아 용품'
온라인 쇼핑 직접 구매액(단위: 원)

출처: 통계청

했다. 저출산 인구 감소 때문에 완구 시장 규모가 급격히 위축되고 있는 데다 초저가의 중국 완구 제품이 C-커머스를 통해 국내에서 판매가 늘어나면서 국내 완구 기업들은 생존을 고민해야 하는 상황이 되었다. 2023년 한국완구공업협동조합 회원사도 전년 대비 11.3% 감소하며 이제 133개 정도 남아 있는 상태로, 국내 완구 기업의 폐업도 더욱 가속화될 것으로 보인다. 정부의 적극적인 대응과 기업 차원의 노력이 수반되지 않을 경우 국내 완구 생태계의 파괴와 완구 기업의 50% 이상이 폐업할 가능성도 배제할 수 없다.

통계청에 따르면, 국내 소비자가 알리익스프레스·테무 등 C-커머스를 통해 직구로 구매한 아동·유아용품은 2023년 약 535억 원으로 2022년 약 427억 원 대비 25.3%나 늘어났고, 점차 더 증가할 것으로 전망된다.

한국체인스토어협회, 한국수퍼마켓협동조합연합회의 유통 서비스 분야도 마찬가지다. 알리익스프레스가 한국관을 개설하고 생활용품을 넘어 식품 분야까지 영역을 확대하면서 국내 체인 스토어 및 지역 슈퍼마켓도 영향을 받을 수밖에 없다. 특히 중국 도매 B2B 이커머스인 1688닷컴의 직진출 상황에 따라 큰 타격을 받을 가능성이 있다. 중국 도매 1688닷컴 진출이 심화되면 두루마기 화장지 등 일반 생활용품을 동네 슈퍼마켓보다 더 저렴하게 구입할 수도 있다. 결국 국내 지방 특유의 동네 슈퍼마켓의 생존까지 위기에 내몰릴 수도 있다는 것이다.

한국 문구 공업 및 산업 생태계도 고사 직전에 직면해 있다. 2024년

6월 30일 국내 유명 문구 및 생활 용품 디자인 쇼핑몰인 '바보사랑(BABOSARANG)' 플랫폼은 2004년에 오픈해 20년 만에 폐업을 했다. 바보사랑에 입점한 수백 개에 이르는 중소 납품 업체들은 정산받지 못한 상황에서 도미노 파업에 직면할 수 있다. 2020년부터 시작된 인건비 및 관리비 증가 대비 매출액은 하락하는 구조에서 C-커머스의 직접적인 타격을 받았다고 볼 수 있다. 한국문구공업협동조합 245개사 회원들 상황도 녹록치 않은 상황이다. 유통을 전문으로 하는 한국문구유통업협동조합도 직간접적인 영향을 받고 있는 것이다.

서울 동대문구 창신동 문구 도매상가에도 C-커머스의 영향이 미쳐 도매상가 주변 점포들의 폐업도 더욱 가속화될 위험에 놓여 있다. 이는 단순히 우리 제조 및 유통업의 붕괴를 넘어 실업률 상승으로 이어질 수밖에 없다. C-커머스에 대해 모든 언론 매체는 제품 안전과 가품 등 소비자 관점에서 주로 접근하고 있다. 대외적으로 표출되지 않고 있지만 소비자 문제만큼 중요한 것이 바로 유통, 제조, 중소 상공인 등 우리 산업 생태계의 지형 변화와 파급력으로, 이 문제는 더욱 커져 갈 것이다. 우리 산업 생태계의 높고 큰 방파제가 조금씩 무너질 수도 있다. 구석구석 좀 더 꼼꼼히 들여다볼 필요가 있다.

# 알테쉬톡의 공습, 한국을 어떻게 잠식시킬 것인가

C-커머스가 우리 산업 생태계 전반에 끼치는 영향은 시간 차를 두고 서서히 일어날 것이다. 우리 산업 생태계에 미칠 영향과 파급을 크게 네 가지 영역으로 구분해 설명해 보자.

## 첫째, C-커머스 플랫폼에 의한 지분 인수 또는 우호적 M&A의 가능성

쿠팡과 네이버의 2강 플랫폼을 제외한 중견, 중소 유통 플랫폼의 매출 하락이 지속되고 적자 경영이 가시화될 경우, C-커머스 플랫폼이 국내 중소 유통 플랫폼의 지분을 인수하거나 우호적 M&A를 진행할 가능성이 있다. 국내 중견 이커머스 플랫폼인 SK스퀘어의 자회사 11번가와 신세계그룹 이커머스 기업인 SSG닷컴 그리고 2021년 이베이로부터 인수한 G마켓도 결코 안전지대에 있다고 볼 수 없다. C-커머스로 이용자 수 및 매출 하락이 지속되고 있다.

2023년 7월 월간 활성 이용자 수(MAU)가 900만 명을 넘겼던 11번가는 2024년 7월 이용자 수가 733만 명 수준으로 줄었고, G마켓도 같은 기간 636만 명에서 520만 명으로 줄었다. 특히 11번가는 지난 2019년 영업 이익을 기록한 이후 4년 연속 적자를 벗어나지 못하고 있는 상황에서 2023년 하반기부터 진행된 매각이 더 어려워졌다.

티몬 및 위메프 사태와 C-커머스와의 출혈 경쟁이 심화될수록 국내 이커머스 플랫폼 생태계는 더욱 어려워질 것이다. 고금리 여건 속에서 앞으로의 투자 유치 환경이 어려워지는 상황에서 소비 부진이 이어질 경우 국내 플랫폼의 재정은 더욱 악화될 수밖에 없다. 티몬 및 위메프 사태에 이어 큐텐이 2023년 3월 인수했던 인터파크 커머스도 경영 악화에 직면해 있다. 인터파크 커머스 산하 인터파크 쇼핑과 인터파크 도서, AK몰 등 3개의 이커머스 플랫폼도 셀러런이 심화되면서 사업구조 조정을 해야 할 것이다.

티몬 및 위메프 사태로 인해 앞으로 국내 이커머스 플랫폼은 다양한 형태로 합종연횡이 이루어질 것이다. 티몬 및 위메프의 상품기획자(MD)와 신상품 및 서비스 기획자, 디자인 등 전문 인력이 알리익스프레스 및 테무 등 C-커머스 플랫폼으로 이직하는 사례가 더욱 늘어날 가능성이 크다. 알리익스프레스가 K베뉴를 통해 한국 신선제품을 판매했듯이 C-커머스는 점차 여행, 도서, 티켓구매 등 다양한 영역으로 확대될 가능성도 배제할 수 없다.

중소 이커머스 플랫폼은 더욱 취약한 구조를 갖고 있는 상태다. 패션 의류, 화장품 등 특화된 국내 중소 이커머스 플랫폼에 대한 지분 참여를 통해 C-커머스의 간접적인 영향력은 더욱 커져 갈 수 있다. C-커머스 플랫폼 입장에서 기존 물류 유통을 가지고 있는 오프라인 유통 기업도 괜찮은 선택이 될 수 있다.

홈플러스의 지분 100%를 가지고 있는 사모펀드 MBK파트너스가 투자금을 회수하기 위해 홈플러스의 기업형슈퍼마켓(SSM)인 홈플러스익스프레스 매각을 추진 중이다. 이 이슈가 지금 부각되고 있는 이유는 알리바바가 홈플러스를 인수할 가능성이 계속 제기되고 있기 때문이다. 객관적으로 보면 충분히 가능성이 있다. 우선 알리익스프레스는 국내 시장 점유율을 확대하기 위해서 반드시 국내 물류 유통망을 확보해야 하는 상황이고, MBK파트너스도 현재 지역별로 부분적으로 진행되고 있는 홈플러스 매각 작업을 알리바바를 통해 한 번에 그냥 쉽게 해결할 수 있다. 홈플러스 인수는 4조 원 규모로 알려져 있는데, 치열한 국내 유통 경쟁의 현실과 4조 원이라는 인수 금액을 고려할 때 알리바바를 제외하고는 다른 국내 대기업이 인수할 가능성이 낮다.

MBK파트너스 매각 담당자들이 중국 항저우 알리바바 본사를 방문해 홈플러스 인수 의사를 타진한 것도 그런 맥락이다. 비록 MBK와 알리바바 모두 홈플러스 인수와 관련해서 아무것도 결정된 게 없다고 말하지만, 향후 시장에 미칠 영향은 적지 않다. 알리바바 입장에서는 전체 홈플러스를 인수하는 것은 부담스러울 수 있다. 국내 부정적인 여론과 한국 내 법적인 절차, 막대한 자금 투입 등 여러 제약 요인을 감안해 매우 조심스럽게 접근할 가능성이 크다. 단계적으로 홈플러스의 물류 유통망, 알리익스프레스의 한국 내 O2O(Online to Offline) 사업 측면에서 부분 인수 혹은 지분 참여 형태로 접근할 가능성을 배제할 수 없다.

알리바바는 외국 기업으로 한국 내 반중 여론과 오프라인 운영 관리의 한계점을 감안해 오프라인보다 온라인 플랫폼 중심으로 지분 인수 및 우호적 M&A 방식으로 서서히 한국 시장 침투율을 높여 나갈 것으로 보인다. 한 예로, 알리바바가 한국 패션 플랫폼 에이블리(ABLY)에 1,000억 원의 지분 투자를 진행하고 있다. 에이블리는 2024년 5월 기준 월간 활성 이용자 수가 805만 명으로 국내 최대의 패션 플랫폼으로 성장하고 있는 기업이다. 또한 북미 및 일본, 동남아 등 글로벌 시장으로 서비스를 확대하고 있다. 알리바바 입장에서는 K패션의 우수성을 활용한 알리익스프레스의 역직구 사업과 시너지를 창출할 수 있고, 나아가 알리익스프레스 패션 전문관 'A.fashion'과 연계를 통해 다른 국가로 시장을 확대할 수 있는 장점도 있기 때문이다.

알리익스프레스·테무·쉬인 등 C-커머스 플랫폼들이 국내 중견 및 중소 이커머스 플랫폼들의 지분을 인수하거나 M&A할 가능성과 그 목적에 주목해야 한다. 코로나 기간 동안 국내 이커머스 내 경쟁이 치열해지면서 티몬이 2022년 동남아시아 이커머스 플랫폼인 큐텐에 헐값에 매각된 것처럼 초저가 이커머스 경쟁에서 도태된 국내 중소, 중견 이커머스도 막대한 자본력을 바탕으로 한 C-커머스 플랫폼에게 헐값에 인수될 수 있기 때문이다.

국내 중소 유통 플랫폼뿐만 아니라 국내 배송, 물류 등 유통 풀필먼트 생태계에 있는 국내 기업에 대한 지분을 인수하거나 우호적 M&A를 함으로써 국내 이커머스 생태계에서 더욱 존재감을 확대해 나갈 가능성도 배제할 수 없다. 특히 국내 공급 과잉으로 공실률이 치솟은 물류 센터 혹은 적자난에 허덕이는 물류, 운송 기업에 대한 지배권 확보를 위한 인수합병의 가능성이 대두되고 있다.

2024년 3월 알리익스프레스는 한국 사업에 약 1조 5,000억 원을 투자하겠다고 밝힌 바 있다. 알리익스프레스는 국내에 축구장 25개 규모인 18만㎡(약 5만 4,450평)의 통합 물류 센터를 구축하는 데 2억 달러(약 2,783억 원)를 투자한다는 계획이다. 국내 최대 규모에 해당하는 이 물류 센터가 완공되면 알리익스프레스가 판매하는 상품의 배송 기간은 1~2일 내로 단축되게 된다. 알리익스프레스는 쿠팡에 대응하기 위해 알리익스프레스판 로켓배송을 준비하고 있다. 국내 택배 물량 비중이 가장 높은 평택 항만 주변 지역을 중심으로 충청도 지역까지 폭넓게 물류 센터 구축 작업이 시작될 것이다.

## 삼성전자와 LG전자도 위험하다!

알리익스프레스의 국내 물류 창고 구축이 가지는 의미는 2가지 측면에서 주목해야 한다. 첫째, 국내 이커머스 시장 점유율이 높아질 가능성이 크다. 알리익스프레스가 계획 중인 18만㎡(5만 4,450평) 규모의 통합 물류 센터가 구축되면 국내 소비자의 불만 중 하나인 배송 지연 문제를 해결할 수 있고, 쿠팡의 로켓배송에 록인되어 있는 소비자를 끌어올 수 있는 계기가 되기도 한다. 현재, 쿠팡의 최대 규모 물류 센터인 대구 풀필먼트센터 33만㎡(9만 9,825평) 규모로 작지만 마켓컬리의 경기 평택 물류 센터 20만㎡(6만 평)와 비슷한 규모로 알리익스프레스의 물류 센터가 완공되면 국내 물류 센터 규모 상위 5% 안에 들 수도 있다.

알리익스프레스는 통합 물류 센터 구축을 두고 여러 가지 가능성을 고민하고 있을 것이다. 어느 정도 규모에 어느 지역에 물류 센터를 구축할 것인가에 대한 전략적 고민을 하고 있는 것이다. 알리익스프레스 입장에서는 비용이 적게 들고 좋은 위치에 국내 물류 센터를 구축할 수 있는 여건이 좋은 상태다. 그만큼 국내에 비어 있는 물류 창고가 많다 보니 갑의 위치에 있는 것이다. 국내에 코로나 이후 2020년 하반기부터 물류 창고 수가 늘어난 데다가 2020년 당시 이커머스 시장이 커질 것에 대비해 물류 창고 센터 인허가를 신청했던 것이 2023년부터 준공되면서 공급은 더욱 늘어난 상태다. 상업용 부동산 데이터 기업 알스퀘어에 따르면 2023년 상반기 수도권에 약 96만 2,991평의 신규 물류 센터가 공급되었고, 하반기에는 75만 평이 넘는 신규 물류 센터가 공급되었다.

토지 매입, 물류 센터 인허가, 비용 상승 등 각종 이유로 알리익스프레스가 새롭게 통합 물류 센터를 지을 가능성은 낮다. 기존 국내에 비어 있는 물류 센터를 활용할 가능성이 높다. 알리익스프레스의 통합 물류 센터가 구축되면, 한국 내 판매 데이터와 AI를 기반으로 메이드 인 차이나 제품부터 창고에 입점되면서 국내 배송 시간을 1~2일 이내로 앞당길 것이다. 문제는 물류 창고 구축과 함께 입고되는 메이드 인 차이나 제품이 기존 저렴한 의류, 신발, 생활 용품에서 하이얼과 메이디 브랜드의 TV, 세탁기 등 디지털 가전과 로봇청소기, 전자렌지 등 소형 가전으로 확대될 가능성이 크다는 데 있다. 150달러의 해외 직구 면세 금액이 넘어 관세를 부과하더라도 비교할 수 없는 가격 경쟁력이 있기 때문에 국내에서 빠르게 시장을 장악해 나갈 수도 있다.

하이얼은 중국 최대의 백색 가전 업체이자 글로벌 가전 브랜드로 가격 대비 좋은 품질로 글로벌 시장을 장악하고 있는 기업이다. 그런데 하이얼보다 더 빠르게 제조 혁신을 통해 글로벌 기업으로 성장하고 있는 메이디 제품의 경쟁력은 더욱 무섭다. 메이디는 글로벌 시장에서 '가전 제품의 TSMC'로 불릴만큼 우수한 기술경쟁력을 가진 기업으로, 다양한 주방 가전 제품과 생활 가전 제품을 구비하고 있다. 800$l$급 이상 양문형 냉장고부터 200$l$급 소형 냉장고·세탁기·건조기·에어컨·밥솥·전자레인지·인덕션·토스터기 등에 이르기까지 고객 맞춤형 제품을 빠른 시간 안에 공급하는 가전 스마트팩토리의 절대 강자라고 볼 수 있다. 특히 국내 1인 가구 수가 늘어남에 따라 10$kg$ 이하 소형 통돌이 세탁기와 건조기, 200$l$급 미니 냉장고 등 메이디의 1인 가구 맞춤형 소형 가전으로 국내 시장을 장악할 여지가 매우 크다.

메이디는 이미 4년 전부터 한국 지사를 설립해 국내 중소 유통사를 통해 온·오프라인에서 제품을 판매하고 있는데, 알리익스프레스가 물류 창고를 구축할 경우 국내 시장 침투율은 더욱 빨라질 가능성이 높다. 삼성전자와 LG전자도 결코 안전지대에 있지 않다는 것이다.

저렴한 중국산 가전이 국내 시장에서 팔릴 것인가에 대한 논쟁도 있다. 그러나 과거와 달리 중국 가전 제품의 품질과 디자인이 개선되었고, 가격도 저렴해 한국 시장 침투는 시간 문제로 보인다.

가정용 로봇 중 하나인 로봇 청소기 시장의 경우 에코백스와 로보락 등 중국 브랜드가 글로벌 시장의 95%를 차지할 정도로 독보적이다. 이미 한국 시장 점유율에서도 2023년 기준 로보락(35.5%)이 삼성전자(15%)와 LG전자(15%)보다 훨씬 앞서 있다. '중국산=저품질'라는 고정관념이 점차 변화되면서 중국 디지털 및 스마트 가전의 한국 시장 침투에 알리익스프레스의 물류 창고가 결정적인 역할을 하게 될 것이다. 알리익스프레스가 기존 완전위탁방식과 함께 브랜드사 중심으로 반완전위탁방식을 확대하기 위해서는 반드시 국내에 대규모의 통합 물류 창고가 있어야 가능하다.

둘째, 국내 물류 거점을 통해 미국 및 유럽 시장 진출을 더욱 확대할 수 있는 기회가 되기 때문이다. 앞서 이야기한 바 있듯이, 알리익스프레스는 한국 시장 진출을 가속화하기 위해 산둥성 웨이하이와 옌타이에 알리바바 한국향 전용 물류 창고를 구축했다. 여기에는 단순히 한국 시장 공략뿐만 아니라 또 다른 속내가 숨어 있다. 일반적으로 오후에 웨이하이와 옌타이 항만에서 상품을 선적해 다음날 오전 9~10시경에 인천이나 평택에 오게 된다. 최근에는 웨이하이와 옌타이와 인천과 평택 간 한·중 해운 운항 편수도 주당 3개 노선에서 6개 노선으로 증설되면서 물류적 관점에서 한국이 알리익스프레스에게 매우 중요해졌다. 한국 소비자에게 배송하는 물류 시간이 많이 단축됨과 동시에 북미 및 유럽 시장으로 나가는 물동량도 더욱 늘어나기 시작했기 때문이다.

알리익스프레스와 테무 등 C-커머스 플랫폼은 한·중간 복합 운송을 통해 글로벌 사업을 더욱 확대하고자 한다. 이는 중국에서 출발한 알리익스프레스 및 테무, 쉬인의 화물이 하역 작업 없이 바로 항공편으로 이동해 북미 및 유럽 시장으로 배송할 수 있다는 뜻이다. 항공 일정에 따라 웨이하이나 옌타이 항만에서 배를 타고 온 중국 화물이 인천항에 도착해 당일 바로 인천공항을 통해 전 세계를 나갈 수 있다. 시간이나 비용 측면에서 한국만큼 최적의 장소가 없기 때문이다. 알리바바그룹이 알리익스프레스를 앞세워 1688닷컴과 알리바바닷컴의 글로벌 B2B 사업을 확대하려는 속내가 숨어 있고, 그 중심에 바로 전용 물류 창고가 있는 것이다.

따라서 알리익스프레스의 국내 통합 물류 센터의 기능과 역할이 매우 중요해지는 것이다. 1688닷컴과 알리바바닷컴의 한국 진출은 우리에게 기회가 될 수도 있고 위협으로 작용할 수도 있다. 그리고 지금의 현상황은 더 이상 초저가 상품에만 국한된 상황이 아니다. 삼성 전자와 LG전자에게도 위협적인 상황이 도래했음을 깨닫고 고민하고 대비해 나가야 한다.

**둘째, 국내 인터넷 통신 판매 기업 및
개인 사업자들의 폐업 가속화**

알리익스플레스와 테무의 국내 가입자 수가 증가하면서 국내 오픈 마켓에 입점해 있는 통신 판매 기업들의 폐업이 빠르게 증가하고 있다. 행정안전부 지방 행정 인허가 데이터에 의하면, 2023년 국내 인

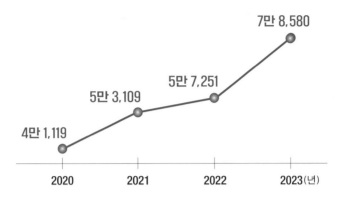

**인터넷 통신 판매 업체 폐업 현황**(단위: 건)

7만 8,580

5만 7,251

5만 3,109

4만 1,119

2020　　2021　　2022　　2023(년)

자료: 행정안전부 지방 행정 인허가 데이터

터넷 통신 판매 사업자[07]의 폐업이 7만 8,580개로 급격히 증가하는 추세다.

　국내 온라인 쇼핑몰 통신 판매 사업자들 대부분이 중국에서 생활 용품이나 의류·신발 및 잡화 등 공산품을 구매한 뒤 국내에서 중간 마진을 붙여 되파는 비즈니스 형태로, C-커머스 플랫폼으로 인해 가장 직접적인 피해를 받고 있는 대표적인 영역이다. 이들 대부분은 중국에서 물건을 사입해 국내 네이버·쿠팡·11번가 등에 인터넷 쇼핑몰을 창업한 사람들이다. 2024년 1~2월 두 달간 폐업한 인터넷 쇼핑몰만 24,035곳이 넘는데, 전년 동기 대비 29.3%가 증가했다. 한국 플랫폼입점사업자협회 회원사 대부분도 C-커머스의 시장 점유율이

---

07　인터넷을 통해 가구·가전·식품·의류 등을 판매하는 개인 사업자.

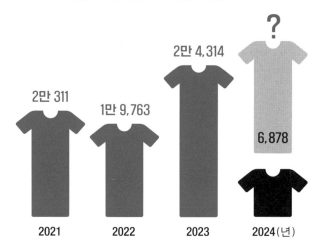

**의류 통신 판매 업체 폐업 현황**(단위: 건)

2만 311 (2021)
1만 9,763 (2022)
2만 4,314 (2023)
?
6,878 (2024(년))

출처: 행정안전부 지방 행정 인허가 데이터, 2024년 2월까지 기준

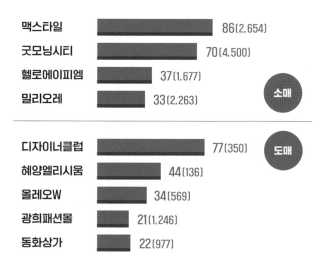

**동대문 패션 상가 공실률**(단위: %, 개)

맥스타일 86(2,654)
굿모닝시티 70(4,500)
헬로에이피엠 37(1,677)
밀리오레 33(2,263)
소매

디자이너클럽 77(350)
혜양엘리시움 44(136)
올레오W 34(569)
광희패션몰 21(1,246)
동화상가 22(977)
도매

출처: (사)동대문패션타운관광특구협의회, 2024년 3월 기준, ( )는 총 점포수

확대됨에 따라 피해가 확산되고 있다. 구매 대행이나 병행 수입 유통 업체들의 피해가 커져 가며 폐업하는 소상공인들이 더욱 늘어나고 있다.

특히 의류 및 패션 분야와 통신 판매 사업자가 가장 큰 영향을 받았다고 볼 수 있다. 코로나 이후 국내 우후죽순처럼 생겨난 패션 의류 쇼핑몰 사업자가 심각한 타격을 받고 있다. 2023년 7만 8,580개 폐업한 사업자 중 패션 의류 분야 사업자가 2만 4,314개로, 알리익스프레스·테무·쉬인으로 인해 폐업자 수가 더욱 확대되는 추세다. 2024년 1~2월 두 달간 폐업 신고를 한 의류 쇼핑몰만 해도 6,878곳에 이르고, 4월 쉬인의 한국 사업이 공식화되면서 폐업 속도는 더욱 빨라지고 있다. 대략적으로 보면 한 달 평균 약 3,500곳, 하루 평균 약 130곳이 문을 닫고 있는 상황이다.

패션 의류 소상공인이 무너지면서 고용, 세수 등 국가 경제에도 심각한 영향을 미치고 있다. K패션의 성장을 이끈 동대문 의류 산업 생태계의 붕괴는 더 가시화되고 있다. 동대문 의류 산업 생태계는 그동안 도매 상가를 중심으로 봉제 업체, 물류 업체, 디자이너 등이 매우 밀접하게 연결되어 지속적으로 성장해 왔다. 그러나 패션 클러스터의 상징인 동매문 의류 생태계는 이미 2020년 코로나 위기와 경제 불황, 중국산 의류 공세, 중국 제조 공장으로의 이전 등 여러 요인으로 큰 타격을 받고 있는 상황이었다. 도매 상가의 매출 하락이 가속화되면서 문을 닫는 상가가 늘어났다. 2020년 당시 동대문 패션 의류 상가 공실률이 이미 20~30%에 이르렀다.

그리고 2023년 알리익스프레스, 테무의 움직임이 본격화되자 상황이 더욱 악화되면서 대한민국 패션 의류 상가의 메카였던 동대문 패션 클러스터가 거의 문을 닫을 지경에 이르고 있다. 동대문패션타운관광특구협의회에 따르면 2024년 3월 기준 동대문 도소매 상가 건물의 공실률이 40%가 넘는다. 32곳 중 14곳이 공실인 상태다. 소매 상가인 맥스타일은 공실률이 86%에 이를 정도로 더 심각하다. 디자이너클럽(77%)과 굿모닝시티(70%)에서도 절반 이상의 점포가 문을 닫았고, 혜양엘리시움(44%), 헬로에이피엠(37%) 등에서도 공실률이 심화되고 있는 추세다.

더 심각한 문제는 동대문 패션 의류 상가에서 유통되는 의류의 절반 이상이 이미 중국산으로 대체된 상황에서 2024년부터 알리익스프레스와 테무, 쉬인에서도 초저가와 디자인 등의 경쟁력을 구비한 의류를 구입할 수 있어, 국내 소비자들이 더 이상 힘들게 동대문을 찾아올 필요가 없어졌다는 것이다.

상황이 이렇다 보니 동대문 이커머스 대표 기업 중 하나인 링크샵스도 2024년 3월 문을 닫았다. 동대문 이커머스는 동대문 의류, 잡화 도매상과 소매 사업자들을 연결하는 플랫폼으로 2012년 설립 후 벤처 캐피털로부터 성공적으로 약 200억 원의 투자를 유치하면서 동대문 도매상인들에게 큰 인기를 얻으며 성장했던 플랫폼이다. C-커머스를 통해 저가 의류가 대거 유입되자 소매 의류 생태계가 무너지면서 링크샵스도 결국 폐업하게 되었다.

동대문 의류 도매 시장 소상공인들의 몰락도 속도를 낼 것으로 보인다. 1688닷컴 B2B 도매 사이트가 한국으로 진출하게 되고 중국산 패션 의류 디자인 기획력과 품질도 점차 좋아지면서 동대문 도매 시장을 찾는 외국인 바이어 수도 급격히 줄어들고 있다. 기존 외국 바이어가 동대문에서 중국 광저우와 항저우로 이동하고 있다는 것이다. 광저우와 항저우 의류 생태계가 정부 지원 아래 빠르게 성장·발전하면서 외국 바이어들은 더 저렴하고 다양한 디자인의 의류와 관련 액세서리를 구매하기 위해 옮겨가고 있기 때문이다. 국내 의류 소매상들도 결국 생존을 위해 1688닷컴 입점을 눈앞에 두고 있고, 광저우·항저우 의류 제조 생태계로 점차 눈을 돌리고 있는 상황이다.

한국봉제패션협회, 한국패션산업협회, 서울패션섬유봉제협회, 대구경북패션사업협동조합 등 국내 의류 패션 생태계가 생존을 위한 전략적 대응 방안을 모색하지 않으면 버티기 힘든 지경에 이르고 있다.

## 셋째, 수입 유통 생태계의 위기

알리익스프레스·테무의 초저가 공세로 국내 수입 유통 기업의 매출 하락이 두드러지면서 수입 유통의 생태계도 무너질 위기에 있다. 한국 산업 생태계에서 수입 유통 분야 역시 고용·세수·물가 안정 등 경제의 중요한 역할을 담당하고 있다. 특히 산업용 원부자재 및 관련 공구 제품 대부분은 독일·일본·한국 등 외국산 제품에 의존해 성장했다. 그만큼 한국 내에서 제조하는 것보다 수입해서 유통하는 구조가 더 경제적이고 마진이 높기 때문이다.

한국산업용재협회, 한국공구철물산업협동조합 등 국내 산업용 공구·부품·제품 등을 수입해 판매하는 기업들의 매출이 급격히 떨어지고 있는 추세다. 전동용 드릴·기계 공구·체중계·산업용 장갑 등과 같이 제품을 중국에서 수입해 국내에서 KC인증을 받고 국내 온·오프라인 채널을 통해 유통하는 기업들의 경우 심각한 위기 상황에 처해 있다.

기계 공구, 드릴 등 가정용 공구 및 산업용재의 국내 유통 기업이 모인 한국산업용재협회 회원 대부분이 테무의 국내 진출 이후 매출 하락이 심화되고 있다. "정부에서 대책을 세워주지 않으면 저희 회원사들은 매우 심각한 타격을 받게 될 겁니다." "이대로라면 만신창이 상태로 버티다 폐업을 택하는 공구 제조사와 판매업자가 많아질 겁니다." 송치영 소상공인연합회 회장이 필자한테 한 말이다.

한 예로 국내 유명 브랜드의 공구 세트의 정상 가격이 20만 원 정도인 반면 테무 플랫폼에서 비슷한 제품이 할인된 가격인 3만 원에

판매되고 있다 보니 아예 경쟁 자체가 되지 않는다는 것이다. 한국산업용재협회와 중소기업융합중앙회 산하의 중소기업을 인터뷰한 결과, 회원사의 30% 이상이 알리익스프레스와 테무로 인해 직간접적인 피해를 보고 있는 상황이다. 국내의 산업용재 시장은 한 해 매출 규모만 2조 원 수준이다. 산업용재란 산업 현장에서 필요한 용재와 공구·철물·모래·벽돌 등을 가리킨다. 하지만 이 시장이 2024년 현재, 작년 대비 매출이 약 30% 감소했다. 금액으로 계산하면 6,000억에 이른다. 왜 갑자기 이런 상황이 벌어졌을까?

언뜻 보면 산업용재 시장은 지금 전 세계를 집어삼키고 있는 글로벌 이커머스 시장의 변화와 별 관계가 없어 보인다. 하지만 이 업계는 지금의 시장 변화에 엄청난 피해를 보고 있다. 알리익스프레스, 테무 등에서 벌이고 있는 초저가 경쟁 때문에 국내 소비자들의 국내 소비가 줄어들고 있기 때문이다. 다시 말하면 국내 소비자들이 전동 드릴, 공구 세트 등을 중국 해외 직구를 통해 말도 안 되는 가격으로 구입하고 있다는 뜻이다. 그 결과 공구 판매업자는 물론 공구 제조사까지 모두 폐업 위기에 몰려 있다.

테무에서 4단용 공구 세트가 선착순 999원에 판매되고 있다. 위 상단에 소켓 렌치부터 펜치와 비트들이 있고, 각종 사이즈의 드라이브 공구가 있다. 가장 아래 칸에는 각종 망치와 줄자까지 겸비해 있으며 접이식으로 잠금 장치도 있는 공구 세트다. 말도 안 되는 가격이다. 도저히 가격을 맞출 수 없는 국내 공구 수입 기업 및 지방 산업용 공구 단지와 상가는 피해를 입을 수밖에 없다.

## 테무에서 999원에 선착순으로 판매하는 공구 세트

　4,700여 개 점포가 있는 전국 최대 규모의 인천 송림동 인천산업용품유통센터를 선두로 서울 청계천 공구상가, 구로기계공구상가단지, 구로중앙유통단지, 고척산업용품상가 그리고 안산·시화·시흥·안양 등의 수도권 내에 많은 지역 공구 상가 및 유통 단지가 형성되어 있다. 지방에는 청주 산업공구단지·천안 기계공구단지·대전 산업용재특화단지·대구 산업용재유통상가·부산 산업용품유통단지·광주 산업용재유통센터 등 전국적으로 공구 상가 네트워크가 대규모로 형성되어 있다. C커머스 때문에 국내 지방 정부의 산업용재 및 기계공구단지가 조금씩 붕괴하고 있다. 이는 결국 지방 산업 붕괴와 실업률 상승으로 이어지면서 지방 경제에 타격을 미칠 가능성이 크다. 당장

눈에 보이지 않을 뿐이다. 거대한 전국 공구 상가 네트워크 망이 조금씩 무너질 수도 있다는 것에 주목해야 한다.

국내 소상공인과 중소기업들이 중국에서 제품을 수입하게 되면, 국내법에 따라 KC인증 등 국내 안전 인증의 절차를 거치게 되는데 이 과정에서 물품별로 수백~수천만 원의 비용이 발생한다. 친환경 부담금까지 내야 하는 국내 기업들과는 달리, 해외 직구 물품들에는 이런 비용이 추가되지 않기 때문에 당연히 국내 수입 업체들과 가격 차이가 발생하게 된다.

게다가 중국에서의 제조 원가 자체가 낮고 관세법에 따라 자가 사용 물품인 경우 150달러 이하의 직구는 관세와 부가세도 면제되어 가격 경쟁이 거의 불가능하다. 소비자들이 중국 이커머스로 직구하는 제품들은 대부분이 이 경우에 해당한다. 과거에는 저가 제품이 대량으로 유입된다고 하더라도 정부의 수출입 정책 또는 관세 등을 통해 일정 부분 방어할 수 있었지만, 소비자들의 직구가 보편화되면서부터는 이마저도 어렵게 되었다.

또한 폴더블 스마트폰용 케이스·스마트폰 홀더·무선 이어폰 케이스·웨어러블 액세서리·차세대 충전기 제품 등 휴대폰 액세서리와 노트북 주변기기 제품의 국내 유통 생태계도 직접적인 영향으로 전체 매출이 하락하고 있다. 2~3만 원짜리 스마트폰 케이스가 알리익스프레스와 테무에서는 2,000원에 팔리고 있으니 경쟁이 될 수 없다. 시장 특성상 국내 노트북 및 스마트폰 주변기기와 관련 제품 대부분이 중국에서 사입해 인건비·유통 비용·중간 마진을 붙여 국내 온·오프라인 유통 채널을 통해 판매해 왔기 때문에 상황이 심각할 수밖에 없다. 이들 대부분이 소상공인이어서 구체적으로 정부 통계에 잡히도 않는 경우도 많다.

### 넷째, 무너지는 국내 중소 제조 기업 및 소상공인 제조 생태계

2024년 6월 국내 최대의 인테리어 자재 온라인 쇼핑몰인 '문고리 닷컴'이 파산했다. 2002년 경기도 안산에서 철물점으로 출발한 문고리 닷컴은 당시 온라인 커뮤니티를 통해 셀프 인테리어가 유행하기 시작하면서 각종 인테리어 제품과 자재를 파는 전문 온라인 쇼핑몰로 성장했다. 문고리 닷컴의 모회사는 워크아웃에 들어갔던 태영건설의 지주사인 티와이 홀딩스다. 업계 불황과 장기화된 경기 침체 영향도 있지만 알리익스프레스와 테무와 같은 C-커머스의 영향이 컸다. 문제는 문고리 닷컴에서 판매되는 문 손잡이 등 약 20만 개의 인테리어 제품을 제공하는 국내 수입 유통상, 중소제조기업 및 소상공인들이다. 유통 생태계뿐만 아니라 국내 얼마 남지 않은 제조 생태계도 성장 동력을 잃어가고 있다는 것이다.

국내에 얼마 남지 않는 공산품과 의류·가방·신발·잡화 제조 공장들조차 버티기 힘들어 폐업으로 치닫고 있다. 국내에서 대형마트나 전통시장에 납품하는 의류·신발·잡화 품목을 생산하는 중소 영세 제조 기업들은 이미 C-커머스의 직접적 영향으로 매출이 급감하고 있고, 지방에 있는 중소 제조 기업들의 폐업은 멈추지 않을 것으로 전망된다. 부산에서 신발 제조 및 판매 기업들의 매출액이 2024년부터 이미 30~50% 급감했고, 밑창·고무·우레탄 등 신발 제조에 필요한 10여 가지 원재료를 중국에서 수입하던 신발 원재료 수입 기업들도 매출 하락으로 폐업하는 비중이 점차 증가하고 있다. 부산의 운동화, 구두 공장 생태계가 거의 무너지고 있다는 것이다.

또한 일반 생활 용품을 생산하는 국내 제조, 도매 기업들의 폐업도 확산되면서 국내 제조, 도매 생태계가 심각한 피해를 보고 있는 상황이다. 다이소가 위기에 봉착할 수 있다는 얘기도 이런 배경에서 비롯된 것이다. 공산품뿐만 아니라 스마트워치·소형 믹서기·스마트 전구·블루투스 게이밍 컨트롤러·헤드셋·충전기 등 소형 전자기기 및 주방용 소형 가전 등의 제조 생태계도 직접적인 영향을 받고 있다. 문제는 1688닷컴의 B2B 도매 사이트가 한국 사업을 적극적으로 추진하기 시작하면, 국내 제조업에 미치는 영향이 더 확대될 가능성이 높다는 것이다. C-커머스 플랫폼을 통해 중국산 제품의 수입이 증가하면 직간접적으로 국내 제조업 생산 및 고용에 영향을 줄 수밖에 없다. 따라서 우리 제조 생태계에 미칠 직접 효과(전방 피해)와 간접 효과(후방 피해)에 대한 세부적인 검토와 대응책 마련이 시급하다.

전방 피해인 직접 효과는 초저가 중국산 제품이 한국산 제품을 빠르게 대체해 나가면서 국내 제조업 생산을 파괴하고, 그로 인해 제조 공장이 문을 닫으면서 국내 일자리도 줄어들게 되는 현상을 의미한다. 알리익스프레스·테무에 의한 C-커머스의 공습으로 인해 한국의 제조업 생태계는 직접 효과의 1단계에 직면해 있는 상태다. 그러나 C-커머스 플랫폼이 진화하고 영향력이 더욱 확대된다면 제조업 생태계가 마비되는 직접 효과 2단계에 접어들 수 있다는 것에 주의해야 한다.

후방 피해인 간접 효과는 직접 효과로 인해 제조 산업과 연관이 있는 산업도 영향을 받게 된다는 것이다. 제조 기업에 원부자재 및 중간재를 공급하는 기업에까지 영향을 미치게 되면, 한국 제조 산업 공급망이 얽히면서 붕괴 위험에 직면할 수도 있다. 1688닷컴과 알리바바닷컴의 한국 사업이 가시화되면, 간접 효과의 피해는 더욱 확대될 것으로 보인다.

차이나쇼크는 중국의 저가 물품 수출로 인해 세계 경제가 큰 영향을 받게 되는 현상을 말한다. 2001년 12월 중국의 WTO 가입을 계기로 저렴한 메이드 인 차이나 제품이 세계 시장에 수출되면서 글로벌 교역 및 산업 구조가 재편되었고 1차 차이나쇼크가 일어났다. 바로 '메이드 인 차이나 없이 살아보기' 체험이 유행했던 시기였다. 1차 쇼크에 가장 큰 영향을 받은 나라가 바로 미국이다. 철강 산업의 메카인 피츠버그를 포함해 오하이오·위스콘신 등 러스트벨트 지역이 직격탄을 받았다. 차이나쇼크로 미국 제조업이 붕괴되고, 산업 공동화가 일어나면서 미국 내 200만 개 일자리가 사라졌다.

C-커머스의 공습은 이른바 '제2차 차이나쇼크(China Shock)'를 한국에서 일으킬 수 있다. 코로나 봉쇄와 미·중 전략 경쟁, 우크라이나 전쟁, 중동 전쟁의 지정학적 리스크와 불확실성이 가중되었고 중국의 수출 하락·소비 침체로 이어지면서 2차 차이나쇼크가 촉발되고 있다. 전기차·반도체·태양광·배터리·의료장비 등 미국의 대중국 관세

인상의 목적이 중국에 미국의 제조업을 뺏기는 2차 차이나쇼크를 막기 위한 것이다.

결코 그냥 웃고 넘길 일이 아닌 이유가 여기에 있다. 우리 제조업이 붕괴되고 산업 공동화가 일어나면서 우리 일자리도 결국 줄어들 수밖에 없기 때문이다.

## C-커머스의 공습, 지속될 것인가

초저가 C-커머스의 국내 공습이 가속화되자 그에 따른 중국 직구 국내 소비자의 불만과 피해도 늘어나는 추세다. 2024년 4월 초 인천 본부세관은 알리익스프레스와 테무에서 판매하는 장신구 성분을 분석한 결과, 404개 제품 중 24%에 해당되는 96개 제품에서 기준치를 초과하는 발암 물질이 검출되었다.

서울시도 소비자 유해성에 대한 논란이 대두되자 알리익스프레스·테무·쉬인 등 C-커머스 제품에 대해 안전성 검사를 지속적으로 진행하고 있다. 이미 쉬인에서 판매 중인 어린이용 가방 등 가죽 제품 8개의 안전성을 검사한 결과 7개 제품에서 유해 화학 물질이 검출되었다. 어린이용 가죽 가방 4개 중 1개 제품에서는 폼알데하이드가 기준치 대비 1.2배 초과 검출되었고 나머지 3개 제품에서는 프탈레이트계 가소제가 최대 153배가 검출되었으며, 이 중 2개 제품은 중금속 함유량도 기준치를 넘었다.

중금속·카드뮴 등 유해성이 확인된 제품의 경우 해당 제품을 C-커머스 플랫폼사에 판매 중지를 요청한다는 방침이다. 서울시는 이미 여러 차례 C-커머스 플랫폼에서 판매되는 어린이 관련 제품과 냄비·그릇·유리컵 등 일반 제품에 대한 검사를 진행했고 그 결과 유해 물질이 발견된 제품에 대해 홈페이지와 여러 매체를 통해 시민들에게 공지한 바 있다. 또한 특허청·관세청·소비자보호원 등 14개 부처에서 범정부 차원의 국내 소비자 보호 대책을 발표하며 전방위적으로 C-커머스에 대응하고 있다.

유해 성분 함유, 불량 제품의 안전성과 가품, 배송 지연 등의 이슈가 집중적으로 언론 매체에 보도되면서 2024년 4월부터 알리익스프레스, 테무 쇼핑 앱 다운로드 및 이용자 수 증가가 꺾이는 추세다. 와이즈앱 리테일 굿즈에 의하면, 2024년 5월 월간 활성 사용자 수 순위에서 알리익스프레스와 테무 모두 전월 대비 각 3.4%(29만 명), 3.3%(27만 명) 감소했다. 순위별로 보면 쿠팡(3,100만 명)-알리익스프레스(830만 명)-11번가(799만 명)-테무(797만 명) 순으로 2024년 3월 기준 4위로 밀려난 11번가가 테무를 추월해 다시 3위로 올라섰다. 그러나 한 달 만(6월)에 테무가 11번가를 추월하며 다시 쿠팡, 알리익스프레스에 이어 3위를 차지하고 있다.

빠르게 한국 이커머스 시장을 파고들었던 C-커머스가 앞으로 성장세가 멈출 것인지에 대한 관심도 높아지고 있다. 일부 전문가들은 한때의 유행으로 끝나거나 머지않아 그 성장세가 확연히 줄어들 것으로 전망하고 있다. 정부의 강력한 법적 대응이나 안전성 및 가품 논란이 지속된다면 그럴 가능성도 배제할 수 없다. 필자는 C-커머스의 성장 속도와 성장 폭이 감소할 수는 있으나, 국내 시장에서 퇴출되거나 한때의 유행으로 끝날 것으로 보지 않는다.

그 이유는 다음 세 가지로 정리할 수 있다.

## 첫째, 알리 중독·테무 중독 현상

고물가 인플레이션 시대에 이미 많은 중산층과 저소득층, 청소년들에게 '알리 중독', '테무 중독' 현상이 자리잡기 시작했다. 알리익스프레스와 쉬인, 테무 등 C-커머스 플랫폼을 이용해 본 많은 소비자들은 스스로를 '알리 중독자', '테무 중독자'로 표현한다. C-커머스는 단순하고 저렴한 쇼핑 경험을 넘어 중독성 있는 엔터테인먼트로 진화하며 소비자들을 유인하고 있다. '억만장자처럼 쇼핑하세요'라는 테무의 슬로건처럼 재미있고 색다른 쇼핑 문화를 창조하고, 소비자 쇼핑 경험의 혁신을 이루어 나가고 있다. 그 속에는 소비자가 평소에 원하던 제품을 마음껏 구매할 수 있다는, 자유를 강조하는 철저한 마케팅 전략이 숨어 있으며, 우리는 그것을 알면서도 쇼핑의 자유에 중독되고 있다. 대부분의 중산층과 저소득층은 C-커머스의 마케팅 전략에 쉽게 노출될 수밖에 없다.

미국 시장 조사 기업인 이핏데이터(YipitData) 자료에 따르면, 테무가 미국 시장에 전면적으로 진출한 2022년 9월부터 2023년 8월까지 미국 소매 매출 중 약 40%는 연 소득 4만 달러 미만의 가정에서 발생했다. 또한 2023년 구글 트렌드 데이터에 따르면, 미국 지역별 테무 앱 검색량을 분석해 본 결과 미국 내 빈곤율이 높은 주들에서 테무를 가장 많이 검색하고 있는 것으로 조사되었다. 예를 들자면 아칸소·앨라배마·미시시피·웨스트버지니아·켄터키의 지역 소비자들이 테무를 통해 초저가 물건을 구매하고 있다는 것이다. 결국 소비자의 소득과 C-커머스의 성장과는 직접적인 관계가 있다는 것을 의미한다.

테무의 2024년 1월 국내 SNS 초기 광고 멘트는 '월급이 150만 원이 되지 않는 사람은 무조건 다운로드하세요.'였다. 그리고 몇 개월이 지난 5월부터는 '월급이 300만 원이 안 되는 사람은 무조건 다운 받아야 합니다.'라고 광고 멘트를 바꾸었다. 소비자의 심리적인 부분까지 자극하고 있는 것이다.

특히 젊은 1인 가구와 청소년층의 C-커머스에 대한 중독은 더욱 심각하다. Z세대와 알파세대가 합쳐진 세대로 1990년대 중반 이후 출생한 '잘파세대' 사이에서 일명 '알리깡' 동영상 콘텐츠가 인기를 끌며 많은 잘파세대가 여기에 동참하고 있다는 것이다. '알리깡'이란 알리익스프레스에서 초저가 물건을 대량 구매한 뒤 이를 언박싱하는 동영상 콘텐츠를 의미한다. 클릭뷰와 구독자 수가 늘어나서 마치 '카드깡' 하듯이 돈을 쉽게 벌 수 있다해서 '알리깡'이라고 불린다. 알리깡에 이어 테무깡, 쉬인깡까지 생겨나며 젊은이들의 새로운 유행처럼 확산되고 있다.

학생복 전문 기업인 형지엘리트가 지난 2024년 4월 중고교생 290명을 대상으로 C-커머스 이용에 대한 설문조사를 실시했는데, 72%가 C-커머스를 이용하고 있다고 답했다. 의류·핸드폰 케이스·보조배터리 등의 전자기기 제품과 반지·목걸이 등의 액세서리 제품을 주로 구입하고 있다. 조사 결과 '만족한다(31%)'와 '매우 만족한다(15%)'라고 긍정적으로 답변한 비중이 46%에 이를 정도다. 청소년층과 1인 가구가 C-커머스에 중독되는 또 다른 요인 중 하나는 테무의 휠 돌리기, 럭키 드로우 대회, 낚시와 농사를 짓는 미니게임 등 다양한 게임화된 쇼핑 경험을 제공하고 있다는 것이다. 단순히 쇼핑이 아닌 게임을 통한 쇼핑이라는 새로운 콘텐츠를 만들어 가며 그들을 중독시키고 있는 것이다.

### 둘째, 소비자의 수요와 피드백에 맞는 C-커머스의 지속적인 진화

현재 우리가 경험하고 있는 C-커머스 플랫폼들을 단순히 셀러와 소비자를 연결하는 통신 판매 중개자 혹은 이커머스 플랫폼으로 보면 안 된다. 그들은 막대한 자본력과 데이터, AI를 무기로 쟁점화되고 있는 안전성과 가품 문제에 대응하면서 더욱 진화할 가능성이 높다.

예를 들어, 알리익스프레스나 테무에서 털실 슬리퍼를 검색하거나 구매할 경우 그 이후 소 무늬 손톱·소 그림의 침구류·소 무늬 보온병·소 무늬 문구류·소 지비츠 등의 관련 상품이 자동적으로 소비자에게 추천된다.

안전성과 가품 등의 문제가 논란이 되자, 알리익스프레스는 이미 2024년부터 3년간 지적재산권 보호 강화에 100억 원을 투자하는 '프로젝트 클린' 사업을 진행하고 있다. 프로젝트 클린은 ▲ 선제적 예방 및 통제 단계 ▲ 신고 시스템 ▲ 품질 보증 서비스 ▲ 법률 시스템 지원 ▲ 협업을 통한 규제 준수 강화 등을 통해 지재권 이슈에 적극 대응한다는 것이다. 알리익스프레스는 판매자에 대한 검증을 강화하기 위해 지적재산권 보호 포털 개설 및 암행어사 검증 시스템인 '미스터리 쇼퍼'도 운영하고 있다. 이를 통해 판매자들의 제품을 무작위로 검사해 가품이 발견되면 바로 퇴출시킨다는 방침이다. 판매자명·로고·이미지·가격 등 텍스트 데이터를 통해 가품 진위를 식별하는 시스템이다. 2024년 1분기까지 AI와 빅데이터 기술을 동원해 가품으로 의심되는 상품을 취급하는 5,000명 이상의 셀러를 퇴출시켰고, 약 183만 개의 위조 상품을 삭제 조치하는 등 논란이 되고 있는 국내 이슈에 빠르게 대응하고 있다.

한국소비자원 자료에 의하면, 2024년 2분기 1372상담센터 및 국제 거래 소비자포털에 접수된 국제거래 소비자 불만 상담 순위에서 여행사이트인 아고다와 트립닷컴이 각각 610건, 327건으로 알리익스프레스(222건), 테무(92건), 쉬인(2건)보다 훨씬 많은 것으로 나타났다. 특히 알리익스프레스는 1분기 불만 상담 건수가 524건에서 2분기 222건으로 절반 이상 감소했고, 테무는 1분기 32건에서 2분기 92건으로 늘었다. 알테쉬톡은 한국 시장의 니즈와 변화에 따라 지속적으로 진화될 것이다.

### 셋째, 한국 제품의 비중 확대

한국 제품의 비중을 확대하고 국내 소비자들을 유인하면서 록인

## 투뿔 등급 한우등심 판매 지하철 광고

효과를 극대화시켜 나갈 것이다. 알리익스프레스는 한국관인 K베뉴
(K-venue, 알리익스프레스 한국관)를 통해 국내 소비자를 지속적으로 끌
어들이고 있다. 또한 알리익스프레스는 플랫폼 수수료 면제 정책 기한
을 연기하면서 국내 기업들의 입점도 빠르게 증가했다. 2024년 6월
기준으로 K베뉴 등록 파트너 수가 2024년 3월 대비 3배 이상 늘어났
다. 반(反) 쿠팡 노선에 있는 CJ제일제당을 시작으로 삼양식품의 불닭
볶음면·롯데칠성·농심·동원F&B 등의 식품 브랜드와 LG생활건강·
아모레퍼시픽·애경 등의 국내 대표 뷰티 제품들을 입점시키면서 국
내 소비자들을 끌어들이고 있다. 국내 중소 판매자와 지방 농산물·한
우·한돈 기업들의 알리익스프레스 입점도 더욱 빨라지면서 알리익스

프레스의 영향력은 더 커져가고 있다.

최신 자료를 보면, 알리익스프레스에 입점한 국내 신선 과일과 신선 식품 판매자들의 매출도 급증하고 있다. 중소 신선 과일 판매사 및 식품회사들의 매출 평균이 두 자리 수 증가를 보이고 있다. 월급 빼고 모든 물가가 다 오르는 상황에서 당연히 소비자들이 싫어할 리가 없다.

'한우를 이렇게 저렴하게 살 수 있는 곳이 알리익스프레스밖에 없어요!'

'국산 계란 30알을 천 원에 어디서 살 수 있겠어요.'

알리익스프레스를 통해 국산 신선 제품을 구매한 소비자들의 반응이다. 무료 배송과 무료 반품·경쟁 플랫폼 대비 저렴한 가격으로 마케팅을 진행하니 한국 제품을 사기 위해 알리 플랫폼으로 유입되는 소비자도 점차 늘어나고 있다.

알리익스프레스는 한국 제품으로 유인해 중국산 제품의 매출을 제고하는 효과를 기대하는 것이다. 따라서 중국산만 판매하는 C-커머스의 영향력이 오래 가지 못할 것으로 착각해서는 안 된다. C-커머스는 더욱 진화하며 우리 생활 속으로 파고들 것이다.

# 메이드 인 차이넷(Chinet),
# 대한민국의 생태계를 바꾸고 있다

우리 정부는 유해 제품 관리 강화, 가품차단 및 개인정보 보호 강화, 소비자 피해 예방 등 다양한 정책을 발표하며 C-커머스 차단에 집중하고 있다. 이러한 국내 정책의 변화에 따라 C-커머스 플랫폼도 제품 품질 및 지재권 관리 강화 등 국내 시장의 환경 변화에 맞춰 지속적으로 진화될 것이다. 알리익스프레스 한국관(K-venue)처럼 기타 C-커머스 플랫폼들도 중국과 한국 제품관을 구분하고, 지속적인 초저가와 획기적인 마케팅을 통해 한국 소비자들을 유입시킨 후 다른 플랫폼으로 빠져 나가지 못하도록 막대한 자본력과 콘텐츠, 쇼핑체험 마케팅을 통해 국내 소비자를 록인시켜 나갈 것이다.

무엇보다 C-커머스 플랫폼을 통해 구축된 소비 데이터는 새로운 데이터 비즈니스로 재무장되면서, 대한민국 생태계는 저렴한 중국산 제품뿐만 아니라 첨단 제품까지 전 영역에 걸쳐 직접적인 영향을 받게 될 가능성이 높다. 그에 대한 준비와 대응이 필요하다.

중국의 데이터 비즈니스는 체재의 특성상 우리보다 훨씬 빠르게 확산되고 있으며 산업 전반에 걸쳐 업그레이드되고 있다. 2020년 9월 대중에게 처음 공개된 알리바바의 빅데이터 기반 '코뿔소 스마트 팩토리 플랫폼(大数据赋能平台犀牛智造工厂)'은 기존 중소기업의 문제점으로 인식된 '소품종 대량 생산' 방식에서 '다품종 소량 생산'으로 전환되는 혁신 시스템으로 평가받으며 빠르게 진화되고 있다.

알리바바는 2018년 3월 저장성 항저우 코뿔소 스마트 공장을 설립한 후, 중국 제조 생태계의 디지털화에 더욱 박차를 가하고 있다. 코뿔소 플랫폼은 알리바바가 보유한 막대한 소비자 데이터와 첨단 기술을 활용해 최신 젊은 세대의 트렌드를 분석하여 맞춤형 제품을 출시할 수 있고, 또 수조 달러에 달하는 중국 제조업의 효율성 향상시키고 원가를 절감할 수 있는 일석삼조의 혁신 공장으로 평가받고 있다. '데이터+인공지능(AI)+로봇+사물인터넷(IoT)+사람'의 오위일체(五位一體) 신개념 스마트 팩토리로 평가받고 있다.

코뿔소 스마트 공장은 그 혁신성과 효율성을 인정받아 2020년 9월 세계경제포럼(WEF)에서 글로벌 '등대공장(Lighthouse factory)'으로 선정된 바 있다. '등대공장'은 전 세계 제조 공장 중 4차 산업혁명의 핵심 기술을 도입해 제조업 혁신을 이끌 미래 공장을 의미하는 용어다.

코뿔소 스마트 공장의 첫 출발은 의류 패션 분야였다. 타오바오 및 티몰 쇼핑몰에서 가장 거래가 많은 품목으로, 주문 4건 중 1건이 패션 의류 분야기 때문이다. 알리바바 쇼핑몰에 입점해 있는 200개가 넘는 의류 패션 기업들과 제휴를 시작으로 코뿔소의 다품종 소량 생산 시스템은 다양한 영역으로 확산되고 있다.

디자인 설계-상품 주문-생산-배송까지 기존 6개월 이상 소요되는 의류 패션 공급 사슬 시간을 75% 이상 단축시켰고, 재고율도 30% 이상 축소되는 시스템이다. 코뿔소 스마트 공장의 공식 명칭이 '빠른 코뿔소'라는 뜻의 '쉰시(迅犀)'라고 불리는 이유다.

쉰시는 최근 유통 및 제조업계에서 가장 큰 화두 중 하나인 'C2M

(Customer-to-Manufacturer)'에 빅데이터, 인공지능, 사물인터넷 등의 4차 산업혁명 기술이 접목된 시스템이라고 볼 수 있다. 필자는 줄곧 이러한 방식으로 생산된 중국 제품을 '메이드 인 차이넷'으로 설명하고 있다. '차이넷(Chinet)'은 '차이나'와 '인터넷'의 합성어로 빅데이터와 5G 인터넷을 기반으로 사람이 아닌 산업용 로봇이 기존 의류 패션 분야를 넘어 다양한 생활 용품과 공산품, 디지털 제품을 생산하는 스마트 공정을 의미한다. 메이드 인 차이넷의 변화를 이해하려면 우선 최근 급변하는 제조-유통 방식과 C2M에 대한 이해가 필요하다.

C2M은 기존 B2C(Business-to-Customer) 및 B2M(Business-to-Manufacturing) 모델에 비해 진화된 혁신적인 시스템 방식이다. B2C는 브랜드사가 기획·생산한 제품을 유통 회사를 통해 판매하는 것을 의미한다. 이는 나아가 브랜드와 소비자를 직접 연결시켜 유통 단계를 줄여 원가를 절감하는 구조인 D2C(Direct to Consumer) 형태로 진화했다.

C2M은 여기서 한발 더 나아가 소비자와 제조를 직접 연결시켜 주는 새로운 공급 사슬로, 소비자의 니즈를 제조 공장에 직접 전달해 상품을 개발하는 방식이다. 이는 전통적인 유통 방식이 완전히 뒤바뀐다는 것을 의미한다. 브랜드사가 먼저 제품을 기획하는 것이 아니라 유통 플랫폼이 소비자 니즈를 브랜드사에 직접 전달해 제품을 만드는 방식이다. 즉, '소비자(C) → 유통 플랫폼 → 공장(M)'의 순서로 진행되는 형태로 의류, 생활 용품, 가전 제품 등 다양한 품목으로 확산되고 있다.

알리바바의 코뿔소 스마트 팩토리인 쉰시는 항저우를 기반으로 안 휘이 수저우(宿州), 저장성 닝보 등 여러 지역으로 확대되며 기존 의류 패션에서 다른 제품군으로 범위를 확대해 나가고 있다. 알리익스프레 스의 경쟁자인 테무의 모회사 핀둬둬도 1,000여 개 제조 공장과 협업 을 통해 2018년 7월 C2M 플랫폼인 핀공장을 오픈해 로봇 청소기, 주 방 식기 등 다양한 제품을 판매하기 시작했다. 테무의 저렴한 제조 생 태계 구축에 출발점이 된 것이 바로 '핀공장'이다. 나아가 핀둬둬 자 체 보유한 빅데이터, AI, 로봇 기술을 기반으로 한 소비자 맞춤형 생산 이 가시화되고 있다.

이제 '메이드 인 차이넷' 제품이 중국 전통 제조업에서 첨단 제조 전 분야로 점차 확대되기 시작했다. 메이드 인 차이넷 성장의 결과 과 거 저가의 질 낮은 '메이드 인 차이나'의 역습과는 다르다. 오위일체 의 메이드 인 차이넷의 공습은 머지않은 장래에 대한민국 생태계를 바꿀 정도로 진화할 것이다.

그렇다면 메이드 인 차이넷에 우리 기업은 어떻게 대비해야 할까? 발상의 전환이 필요하다. 중국 내수 시장으로의 진출을 확대하려면 빅데이터 기반의 중국 스마트 팩토리를 어떻게 활용할 것인지에 대한 철저한 사전 조사와 접근 전략이 필요하다. 빅데이터를 단순히 디지 털 마케팅 수단으로 사용할 것이 아니라 중국 법적 테두리 안에서 빅 데이터를 제조와 유통 단계까지 확대할 수 있는 전체 비즈니스 전략 을 구상해야 한다.

# 대한민국 정부는 무엇을 해야 하는가

중국 이커머스 플랫폼의 파상 공세에 우리 정부는 무엇을 어떻게, 체계적으로 준비해야 할까? 정부는 2024년 3월부터 국무조정실 국무 2차장을 TF 단장으로 산업부·환경부·관세청·공정거래위원회·특허청·방송통신위원회·개인정보위원회 등 14개 부처로 구성된 범정부 해외 직구 대책반을 구성했다.

중국 이커머스 플랫폼의 국내 공습에 따른 소비자 안전 확보, 소비자 피해 예방 및 구제 강화, 기업 경쟁력 제고 및 면세, 통관 시스템 개선의 4가지 정책 방향을 제시한 바 있다. 특히 소비자 안전 확보 측면에서 위해제품의 관리를 강화하기 위해 국민 안전 및 건강 위해성이 큰 해외 직구 제품의 안전 인증 의무화, 유해성이 포함된 제품의 국내 반입 차단, 해외 직구가 금지된 의약품, 의료기기 등 금지 제품에 대한 관리 강화를 강조하고 있다.

중국 해외 직구의 안전성이 논란이 되자 서둘러 어린이 제품·전기 생활 용품·생활 화학 제품 등 국민 건강에 직접적 위협을 줄 수 있는 80개 위해품목에 대해 KC인증 의무화를 발표한 것이다. 그러나 온라인 커뮤니티를 중심으로 소비자의 선택권을 제한한다는 비판이 쏟아지면서 3일 만에 KC인증 금지 정책을 철회하는 해프닝이 벌어졌다. 한국 제품이든 중국 제품이든 유해 성분이 발견되면 규정에 따라 수입과 유통을 금지할 수 있지만, 시장 유통에서의 판매 목적이 아닌 개인이 사용하기 위해 해외 직구로 들어온 제품에 대해 KC인증 의무화는 시장 논리에도 맞지 않는다. 그러나 국민의 건강과 안전이 최우선이라는 관점에서 좀 더 깊은 논의와 협의가 필요해 보인다.

C-커머스의 직접적인 피해를 보고 있는 우리 제조 및 수입 유통 기업들은 기업의 생존과 국민 건강, 안전을 위해서 반드시 KC인증을 받아야 한다고 주장한다. 정부의 어려움이 여기에 있다. 한국산업용재협회와 한국공구철물산업협동조합 등 기업 단체는 '전기용품 안전관리법' 제1조에 근거해 반드시 초저가의 국내 인증을 받지 않은 중국산 직구 제품은 수입 금지되어야 한다고 주장하고 있다. 전기용품 안전관리법 제1조를 보면, '전기용품을 생산·조립·가공하거나 판매·대여 또는 사용할 때의 안전관리에 관한 사항을 규정하여 화재·감전 등의 위해(危害)로부터 국민의 생명, 신체 및 재산을 보호함을 목적으로 한다.'라고 규정되어 있다.

소비자의 선택권을 보호하면서 직접적인 타격을 받고 있는 우리 제조 및 수입 유통 기업의 생존을 지켜야 하는 중간적인 갈림길에 서 있다고 볼 수 있다. 쉽지 않은 일이다. 그렇다면 우리 정부는 무엇을 해야 하는가?

첫째, 최적의 방안은 C-커머스 플랫폼들이 중국 제품을 입점시킬 때 위해제품 관리 강화 차원에서 관련 80개 품목에 대한 중국 내 인증을 받은 기업을 입점하게 하도록 해야 한다. 테무를 통해 판매되는 대부분의 산업용 제품은 중국 내에서 인증도 받지 못한 제품이 대부분이다. 만약 해외 직구 제품의 특성상 유통이 목적이 아니고 개인 사용 목적이기 때문에 강제로 한국 내 KC인증을 의무화할 수 없다면,

# 중국 강제인증과 자율인증 종류

| | | | |
|---|---|---|---|
| **강제<br>인증** | **CCC(중국강제인증)**<br>전기전자, 자동차, 완구,<br>부품류 등 | **CEL(에너지효율라벨)**<br>전기전자, 모터 등<br>기구류 제품 | **WCEL(물효율 라벨)**<br>양변기, 비대,<br>식기 세척기 등 제품류 |
| | **SRRC(무선형식승인)**<br>기본 무선 모듈 및 모듈을<br>탑재한 완제품 | **MOH(물마크)**<br>냉온정수기, 정수기,<br>정수기 필터류 제품 | **CCCF(소방인증)**<br>화재 감지기 등 |
| | SEL 특종설비제조허가<br>압력용기, 보일러 등 고위험<br>기기 | **RoHS(유해물질 사용제한)<br>인증**<br>TV, 모니터, 냉장고,<br>에어컨 등 제품 | **중국 NMPA 인증**<br>화장품, 의료기기 등 |
| | **보건식품인증**<br>(건강기능 보건 식품류 등) | **CSP(안전방범인증)**<br>도난방지 경보제어기 등 | **CHIAN EX**<br>방폭인증 |
| **자율<br>인증** | **자율인증**<br>전기전자, 공산품,<br>비금속재질 등 | **CR 로봇인증**<br>산업용,<br>가정용 서비스 로봇 등 | **환경보호인증**<br>건축자재 관련 제품 |
| | **LA산업안전**<br>안전모, 마스크 등 산업안전<br>제품류 | **CHINA RoHS**<br>강제인증대상 외 제품군 | |
| **기타** | **GB(국가표준) TEST**<br>전 산업군 GB 규격 대상 제품<br>(전기전자, 영유아 제품 및 기타<br>공산품) | SW 소프트웨어<br>저작권 등록 | 식품수출<br>해외공장 등록 |

출처: CCIC KOREA

중국 내 관련 인증을 받은 판매자만 플랫폼에 입점할 수 있도록 정부 차원의 C-커머스 플랫폼들과 구체적인 소통을 시도해야 하며 더불어 정책적 당근과 채찍을 함께 활용해야 한다.

중국 내 위해제품 관련 인증도 세분화되어 있고 그 절차도 매우 까다롭기 때문에 1차적으로 한국에 들어오는 위해제품에 대해서 필터링하는 효과가 있다.

중국 인증 및 허가 관련 내용을 살펴보면, 강제인증과 자율인증 그리고 우리의 KS마크에 해당하는 국가표준(GB)으로 나누어진다. 안전성 및 유해 성분 등으로 국내에서 이슈가 되고 있는 전기전자, 완구, 부품류 등의 대부분은 중국에서도 강제인증인 CCC(China Compulsory Certification) 인증을 받아야 유통할 수 있다. 또한 전기전자, 영유아 용품 및 기타 공산품의 경우 국가표준(GB) 테스트도 받아야 한다.

문제는 중국에서 CCC인증과 국가표준 테스트도 인증 비용이 많이 들고, 시간이 걸리기 때문에 중국 제조상들이 CCC인증과 국가표준 테스트를 받지 않는다는 것이다. 해외 직구의 특성을 악용해 초저가의 관련 제품을 해외로 판매하고 있는 것이다. 다시 말해 만약 중국 내 CCC인증과 국가표준 테스트를 거친 제품이라면 지금처럼 초저가로 판매될 수가 없다는 것이다.

또한 중국에서는 자율인증제도(China Quality Certification)가 있다. 자율인증이란 말은 인증을 받아도 되고 안 받아도 되니 기업 입장에서는 시간과 비용을 들여 자율인증을 받지 않는 것이다. 일부 전기전자 제품, 공산품, 비금속 재질 제품의 경우도 자율인증에 포함된다. 안전모, 마스크 등 산업 안전 제품의 경우도 LA 산업안전도 자율인증에 해당되고, 건축자재류도 환경보호 인증을 받는데 이 또한 자율인증에 해당된다. 따라서 우리 정부는 C-커머스 플랫폼에 대한 관리 감독을 강화하는 동시에 C-커머스 플랫폼과 자율협약 내용을 더욱 보완해 나가야 한다. 그들과의 소통과 협상을 통해 자율인증과 강제인증을 받은 중국 판매상들이 입점할 수 있도록 강력히 요구하는 노력이 필요하다.

두 번째는 상호주의에 입각해 최소 기준 면세 한도에 대한 조정도 고민해야 한다. 최소 기준 면세 한도에 대해서는 앞서 언급한 바 있듯이, 국내에서 해외 직구 상품을 주문할 때는 미국 직구는 200달러, 중국 직구는 150달러 미만이기만 하면 횟수와 한도에 상관없이 관세나 부가가치세를 면제받는다. 2015년 8월 당시 서민들의 소비 생활을 지원한다는 정책하에 기존 면세 한도를 120달러에서 150달러로 상향 조정한 바 있다. 그러나 이제 C-커머스의 공습이 가속화되면서 면세 한도 금액을 하향 조정해야 하는 상황에 직면했다고 볼 수 있다. 유럽연합은 이미 2011년부터 부가세 면세 제도를 폐지했고 C-커머스로 인한 피해가 확산되자 2028년부터는 관세 면제도 폐지한다. 영국·호주·뉴질랜드 등 국가들도 이미 부가세 면세를 폐지한 상태다.

만약 한·중 관계와 국내 여론을 고려한다면 최소한 중국의 최소 기준 면세 한도 정책 규정과 맞출 필요는 있다는 것이다. 중국은 구매 한도 금액에 제한이 있다. 중국 해외 직구 면세 한도 정책에 의하면, 1회당 5,000위안(약 95만 원), 1년간 26,000위안(약 500만 원)으로 구매 제

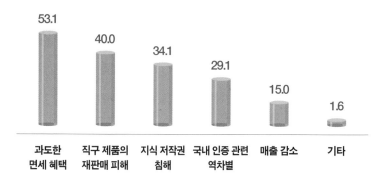

## 최근 1년간 중국 이커머스 해외 직구 피해 경험 및 피해 유형

| 과도한 면세 혜택 | 직구 제품의 재판매 피해 | 지식 저작권 침해 | 국내 인증 관련 역차별 | 매출 감소 | 기타 |
|---|---|---|---|---|---|
| 53.1 | 40.0 | 34.1 | 29.1 | 15.0 | 1.6 |

출처: 중소기업중앙회, 320개 기업 대상, 복수 응답

한 금액을 두고 있다. 우리는 1회당 150달러니 365일 1년 내내 구매하면 5만 4,750달러(약 7,500만 원)만큼 중국 직구를 통해 물건을 구매할 수 있는 것이다. 알리익스프레스·테무·쉬인의 C-커머스를 통해 하루에 150달러씩 한 달이나 1년 내내 직구를 해도 세금을 납부하지 않아도 된다.

중국인은 해외 직구 면세 한도가 1년 동안 500만 원 수준인데, 우리는 7,500만 원을 면세해 주고 있는 것이다. 따라서 해외 직구 면세 한도를 연간 기준 누적 금액으로 설정해서 우리 기업이 세금 역차별을 받지 않도록 하는 정부의 정책 입안이 필요하다. 혹은 매월이나 3개월 분기별, 연간으로 중국 직구 결제 한도를 차등 적용하는 등 다양하게 면세 한도 기준 방안을 검토해야 한다.

세 번째는 우리의 제조 및 수입 유통 중소기업들이 주장하고 있는 직구 제품의 재유통 이슈에 대한 정부의 관리 감독이 강화되어야 한다. 중소기업중앙회가 조사한 기업 피해 유형을 보더라도 과도한 면세 혜택(53.1%) 다음으로 높은 피해 유형이 바로 직구 제품의 재판매(40%)다. 다음으로 직구 제품의 재판매 피해, 지식재산권 침해, 국내 인증 준수 기업의 역차별 피해, 매출 감소 순으로 응답했다.

국내 산업 생태계가 무너지고 있는 사이에 또 다른 불법적인 생태계가 생겨나고 있다. B2C의 개인 사용 목적인 해외 직구 제품이 B2B 형태로 불법적으로 유통되고 있는 것이다. 초저가의 알리익스프레스와 테무를 통해 매회 150달러씩 구매해 다시 국내에서 재판매하여 수익을 남기는 불법 유통 사업자들이 늘어나기 시작했다는 것이다. 국내 제조 및 수입 유통업에 종사하는 대부분의 중소 영세기업들의 매출이 하락하고 공장까지 폐업하는 것도 바로 이런 음성적 불법 거래가 난무하기 때문이다.

간단한 예를 하나 들어보자. 요즘 젊은 주부들 사이에서 인기가 있는 요거트 메이커의 경우 알리익스프레스에서 쿠폰 및 가격 할인을 받으면 9,072원에 무료 배송으로 물건을 받을 수 있다. 문제는 이 제품과 비슷한 제품이 국내 이커머스 플랫폼에서는 최소 20,000~35,000원에 팔리고 있다는 점이다.

따라서 알리익스프레스에서 요거트 메이커를 사서 국내 이커머스 플랫폼보다 저렴하게 팔면 그만큼 수익이 남는다는 것이다. 개인적으로 이런 식으로 돈을 버는 사람들도 늘어나고 있다. 알리익스프레스나 테무에서 저렴하게 구입한 물품을 구입해서 당근이나 중고마켓 등

## 알리익스프레스와 국내 이커머스 플랫폼 가격 비교

을 통해 팔면 1개당 1만 원의 수익을 남길 수가 있다. 이것을 기업형

으로 운영한다면 수익을 더 커질 수밖에 없다. 기업형으로 운영되는

불법 유통업자들은 매일 자기 이름으로 150달러씩 구매를 하고, 다른

가족과 친척들까지 동원해 알리익스프레스와 테무에서 물건을 구매

하는 것도 바로 이런 이유 때문이다. 전동 드릴·기계 공구·산업용 장갑 등 산업용 제품뿐만 아니라 화장실 양변기·부엌 용품·영유아 제품 등 제품별로 특화된 음성 불법 유통업자들도 생겨나고 있는 상황이다.

이 문제는 정부만이 해결할 수 있으며 충분히 해결할 수 있다. 관세청과 C-커머스 플랫폼 간 협업을 통해 음성 불법 유통 거래를 막아야 한다. 관세청의 통관 데이터와 C-커머스 플랫폼의 거래 데이터, 구매 데이터를 통합해 특정 제품에 대해 구매가 유독 많은 개인 소비자, 평균 금액 대비 구매 금액이 많은 소비자 등에 대한 모니터링을 강화해 나가야 한다. 이를 통한 직구 제품의 재판매를 근절하지 않으면 우리 제조 및 유통의 생태계는 더욱 빠르게 무너질 수 있다.

이는 알리익스프레스, 테무 등의 화려한 등장이 단순히 국내 유통 산업에만 영향을 끼치는 사안이 아니라 제조·물류·금융 등 산업 전반에 지대한 영향을 미치고 있음을 보여 주는 것이다. 이렇게 중국 기업에 대한 의존도가 높아진다면 나아가 국가 경쟁력까지 악화될 수 있다.

네 번째, 국내 소비자의 개인정보 보호에 대한 관리 감독을 강화해야 한다. 데이터가 돈으로 이어지고 힘이 되는 시대에 최근 미국을 비롯한 세계 각국에서 우려하고 있는 중국 정부로의 개인정보 유출 문제로부터 우리 역시 자유로울 수 없다. 국내 이용자 수를 빠르게 확보하고 있는 알리익스프레스, 테무, 쉬인 등 중국 해외 직구 플랫폼의 개인정보 유출 우려는 지속적으로 등장할 것이다.

알리익스프레스에 비해 테무나 쉬인의 경우 국내 사업을 시작한 지 얼마 되지 않아 관련 데이터 유출 여부를 확인하기 쉽지 않다. 미국에서도 틱톡과 다른 C-커머스 플랫폼의 개인정보 유출 여부를 확인하기 어려울 정도이기 때문에 지속적인 모니터링이 필요하다. 법령 위반에 따른 과징금 부과만으로는 근본적인 개인정보 유출 문제점을 해결할 수는 없다.

개인정보보호법(GDPR, General Data Protection Regulation)에 따르면 개인정보 처리 과정에서 안전 조치 의무를 다하지 않는 등 법령을 위반한 사업자에 대해 최근 3년간 평균 매출액의 3%까지 과징금을 부과할 수 있다. 국내 개인정보가 중국 내에서 불법 유통되거나 노출되어 다른 중국 기업들에게 넘어갈 수도 있고, 나아가 국가 안보에 심각한 영향을 미칠 수도 있다는 점을 충분히 고려해야 한다. 유럽연합은 2023년 개인정보보호법을 강화해 플랫폼 기업들이 사용자 정보를 수집해 맞춤형 광고를 노출하며 수익을 올리는 글로벌 플랫폼 기업을 규제하고 있다. 유럽연합은 메타에 3억 9,000만 유로(약 5,580억 원)의 과징금을 부과하면서 데이터를 수집하지 않는 구조의 서비스를 요구한 바 있다.

또한 최근 공정거래위원회가 입법을 재추진 중인 플랫폼 공정경쟁 촉진법, 이른바 플랫폼법이 국내 이커머스 플랫폼에게만 족쇄로 작용해 오히려 알리익스프레스·테무·쉬인 등 중국 이커머스 업체들의 국내 시장 잠식이 더욱 빨라질 수도 있다. 규제 중심의 플랫폼법을 제정하기보다는 다양한 국내 중소 플랫폼과 스타트업들이 성장할 수 있도록 육성과 지원의 관점에서 제도적 틀을 수정해 나가는 것이 바람직하다. 중국 이커머스 기업을 제재하기 위한 플랫폼법보다는 기존 전자상거래법과 표시광고법 등 다양한 법적 테두리에서 위반 여부를 조사하고, 그에 따른 과징금 부과와 시정을 요구하는 것이 더 현실적인 대안이 될 수 있다.

한 가지 예로, 실제 판매된 적 없는 가격을 정가로 표시하고 허위 할인율을 높게 표기해 소비자에게 판매하는 행위, 앱을 설치하면 상시로 쿠폰을 제공받을 수 있는데 할인 시간 내 앱을 설치해야만 쿠폰을 제공하는 것처럼 광고한 행위 등은 전자상거래법과 표시광고법 내에서 법적 제재가 가능하다.

C-커머스 플랫폼에는 온라인 사용자를 속이기 위해 설계된 온라인 사용자 인터페이스(UI)인 이른바, 다크패턴(Dark Commercial Patterns) 유형들이 다양하게 활용되고 있다. 국내 소비자가 의도하지 않는 구매 결정을 하도록 유도하고 있는 것이다. 대표적인 것이 카운트다운 타이머 다크패턴으로 알리익스프레스 및 테무 등 C-커머스 플랫폼에 자유롭게 활용되고 있다.

이런 형태의 다크패턴이 현행 국내 법규상 규제하기 힘든 사각지대에 있다. 이 밖에도 제한된 범위의 특정 옵션 사전 선택, 회원가입 취소 및 탈퇴를 방해하는 행위, 서비스가 무료에서 유료로 전환되거나 결제 대금이 증액될 때 소비자에게 별도 고지를 하지 않는 행위 등 여러 가지 다크패턴이 존재할 수 있다. C-커머스의 글로벌 공습과 다크패턴 남용에 따라 2024년 10월 개최되는 OECD 소비자 장관회의 때 '디지털 전환에서 소비자 권익 증진 보호' 세션에서 온라인 다크패턴에 대한 논의가 진행될 것이다. OECD 차원의 다크패턴에 대한 규범이 마련되면 그에 따른 우리 정부도 새로운 법적 토대 속에 다크패턴의 사각지대가 생기지 않도록 해야 한다. 따라서 정부는 좀 더 큰 틀에서 정보와 데이터 유출과 다크패턴에 의한 소비자 피해가 발생하지 않도록 지속적으로 모니터링을 해야 한다.

다섯 번째, 제품 안전 추적관리시스템의 도입을 적극적으로 추진해야 한다. 추적 관리 시스템은 중국 제품의 안전 관리를 강화하고, 불합격된 제품의 반품과 판매자에 대한 책임 추궁의 근거를 마련하기 위한 방법이기도 하다. 이미 중국에서도 국경 간 전자상거래의 수출입 과정에 대한 추적 시스템을 강화하고 제품의 수출입 및 판매 등 전 과정에 대한 감독 관리를 강화하는 추세다. 2015년 발표된 중국 '국경 간 전자상거래 발전 의견' 정책 제3조를 보면, "전자상거래 품질 추적체계를 수립해야 한다. 전자상거래 판매 제품에 대해 품질 추적 제도를 수립하고, 위조 방지 추적 라벨, QR코드, 바코드 등의 방법을 이용해 국경 간 전자상거래 제품의 원천 추적, 경로 추적을 실현해야 한다."라고 규정하고 있다. 또한 2018년 2월부터 '상품 QR코드 국가표준화' 정책이 시행됨에 따라 자국 소비자가 보다 안전하고 쉽게 제조기업 정보, 상품 정보를 확인하도록 하고 있다.

우리 정부도 C-커머스 플랫폼과의 소통을 강화해 나가고, 그에 따른 심층적 자율 협약을 통해 가능한 우리 소비자들이 제품 QR코드 혹은 추적 라벨, 태그 부착 시스템으로 제품에 대한 안전성이 보장받을 수 있도록 해야 한다. 국내 소비자가 C-커머스 플랫폼을 통해 구매한 제품의 추적 번호와 인증 번호를 입력하면 제품의 진위 여부 판별과 중국 제조상, 판매상의 정보를 쉽게 확인할 수 있도록 하는 기술적이고 시스템적인 정부 대책이 필요하다.

## 우리 기업은 어떻게 생존해야 하는가

중국 이커머스의 공격으로 인해 기업과 소비자 모두가 피해를 입고 있는 상황에서 개별 기업과 업계는 어떤 부분을 준비해야 하고, 어떤 대책을 마련해야 할 것인가? C-커머스의 공습이 가져올 국내 파장과 변화를 잘 파악하고 그에 따른 대응이 필요하다.

첫째, 우리 기업과 산업계는 일단 더 심해질 것을 대비해 미래 사업의 방향성을 재설정하고 준비하는 지혜가 필요하다. 높은 파도가 몰려오는데, 놀란 나머지 아무 대책 없이 있다 보면 휩쓸려 갈 수밖에 없다. 자신이 속한 기업이 어떤 상황이고, 어느 정도 견딜 수 있는지를 판단하여 비즈니스 모델과 방향을 조금 더 새롭게 그려야 할 필요가 있다. 지금의 사업을 선명하게 콘텐츠화하고 더욱 집중화·고도화해야 한다. 그리고 소비자들에게 작금의 현실을 적극적으로 알리는 것도 중요하다.

C-커머스의 진화와 한국 시장 침투가 고도화·가속화되면서 엄청난 중국산 제품이 들어오다 보니 제품 안전성과 가품, 배송 지연 논란

이슈는 꾸준히 제기될 가능성이 높다. 소비자들은 가격이 너무 저렴하니 10개를 주문해서 절반이 불량품이어도 그냥 무시하고 넘어가는 경우가 대부분이다. 우리 소비자들도 매우 현명해져야 한다. 제품에 하자가 있거나 배송이 지연될 경우 지속적으로 중국 이커머스 플랫폼에 반품과 반환, 환불을 요청해야 한다.

또한 산업계는 정부가 해외 직구 정보를 제공하기 위해 개편한 '소비자 24'와 서울시가 운영하는 '1372 소비자상담센터'를 소비자들이 적극 활용할 수 있도록 유도해야 한다. 특히 해외 직구 시 유의 사항과 위해제품 정보 등을 확인할 수 있도록 공정거래위원회가 운영하고 있는 www.comsumer.go.kr 사이트도 적극 활용하도록 산업계 차원에서 홍보해 나가야 한다.

둘째, 중국 현재의 제조 공급망 생태계가 어떻게 변화하고 있는지와 그들의 디지털화·스마트화의 발전 방향에 대해 정확히 이해하면서, 우리 제조 및 유통 생태계와의 접점 가능성을 모색해야 한다.

지피지기면 백전백승이라는 말이 있듯이, C-커머스 플랫폼이 어떤 방향으로 변화하고 진화될지를 아는 게 매우 중요하다. C-커머스로부터 직접적인 영향을 받고 있는 업종별, 생태계별 중국 현지 탐방과 심도 있는 학습이 수반되어야 한다. 그래서 가능하다면 다른 업체들과 이런 생태계를 함께 탐방할 수 있는 기회를 만들어 직접 그들의 생태계 안으로 들어가보는 것이 좋다. 알리익스프레스·테무·쉬인 생태계를 직접 보는 것만큼 좋은 전략은 없다.

C-커머스 플랫폼에 공급을 맡은 특화된 지역, 공급업자, 산업 클러

스터를 방문하는 것도 우리 기업이 대응 전략을 세우기 위해 즉각적으로 행동에 옮길 수 있는 방법이기도 하다. 직접 현장에서 그 생태계를 만나게 되면 심각성을 체감하게 되고, 우리의 상황을 객관적으로 바라볼 수 있다는 점에서 큰 의미가 있을 것이다.

셋째, C-커머스로 인한 피해와 대책을 마련하는 데 중소기업과 소상공인들이 일관되고 명확한 의견을 제시하는 것이 중요하다. 앞선 설문 조사에서 알 수 있듯이 현재 중소기업들은 플랫폼을 통한 재유통, 관세법을 위반한 재판매, 각종 인증상의 역차별 등으로 인해 업계가 피해가 입고 있다는 데 의견을 같이 한다. 따라서 이 공동 의견을 정부에 한 목소리로 적극적으로 건의하는 게 중요하다. 이미 벌어진 사태를 최소화시키는 측면에서 중요한 대응 방안이다. 게다가 테무 같은 경우는 보조금이 들어가기 때문에 통상 관계 덤핑 이슈에도 걸릴 수 있다. 따라서 우리의 목소리를 모으는 게 중요하다. '우는 아이 젖 준다.'는 말이 그런 의미다.

중소 영세 기업과 소상공인의 피해와 어려움을 정부가 다 알 리가 없다. 기업 차원의 대책과 대응이 현실화되도록 적극적이면서 일관된 주장과 목소리를 내야 한다.

넷째, C-커머스 플랫폼의 한국 제품 전용관을 활용하는 생각의 전환이 필요하다. 알리익스프레스를 중심으로 테무, 쉬인 그리고 곧 한국 시장에 상륙할 틱톡샵은 대부분 중국산 제품뿐만 아니라 현지 제품군 비중을 확대할 것이다. 따라서 막대한 유입량을 바탕으로 우리 지역 농산품 및 중소 브랜드 제품의 노출 기회를 늘릴 수 있다. 알리익스프레스는 1,000억 원의 예산을 투입해 이른바, '1,000억 페스타'라는 대대적인 판촉 이벤트를 진행하면서 중국 제품뿐만 아니라 한국 제품 전용관을 알려 국내 판매자와 소비자들을 유인한다는 전략이다. 우리 지방 중소 브랜드 및 소상공인 기업의 경우 이런 판촉 이벤트를 활용하는 지혜가 필요하다.

또 다른 예로, 현재 알리익스프레스는 오전 10시와 밤 10시 특정 시간에 '천원딜', '천원템' 행사를 통해 오렌지 1.5kg, 망고 4kg, 바나나 3송이, 유정란 한판 등 국내 신선 제품을 한정판으로 천 원에 판매하고 있다. 알리익스프레스가 마케팅 차원으로 국내 판매자에게 지원금을 주는 행사로 대부분 5초 이내에 완판되고 있으며, 1인 가구의 젊은 층을 대상으로 빠르게 확산되며 소비자들을 끌어들이고 있다.

**미국산 생체리 항공 직송 특가를 알리는**
**알리익스프레스 지하철 광고**

밀려오는 파도에 속수무책으로 당하고 있으면 안 된다. 그 파도 속에서 생존할 수 있는 최상의 방법과 최선의 방법을 모색해야 하는 것이다. 기업은 소비자의 변화와 트렌드에 맞게 진화되어야 생존할 수 있다.

다섯 번째, C-커머스 플랫폼에 올라타 해외 수출의 길을 모색하는 역발상의 비즈니스 전략이 필요하다. 알리익스프레스에서는 항공 직송으로 미국산 생체리 1kg을 1만 원에 구매할 수 있다. 알리익스프레스는 전 세계 200여 개 국가 상품관을 연동시켜 글로벌 해외 직구 플랫폼을 구현하려고 할 것이다. 따라서 전 세계 200여 개 국가에 이미 진출해 있는 알리익스프레스의 글로벌 네트워크를 활용한 해외 진출도 적극적으로 검토해야 한다.

알리바바그룹은 알리익스프레스의 한국 시장 진출을 확대하기 위해 3년간 국내 시장에 11억 달러(약 1조 5,000억)를 투자한다는 계획서를 우리 정부에 제출한 바 있다. 그중 1억 달러(약 1,316억 원)를 한국 판매자들의 글로벌 수출을 지원하는 데 사용할 것이라고 밝힌 바 있다.

또한 글로벌 해외 직구 플랫폼을 구현하기 위해 알리바바는 그룹 산하의 이커머스 플랫폼에서 한국 상품을 판매한다는 계획도 밝힌 바 있다. 알리익스프레스 외에도 동남아시아 지역에서 라자다, 스페인어권에서는 미라비아 등의 플랫폼을 운영하고 있다. 라자다는 동남아시아 이커머스 시장에서 1억 3,000만 명 이상의 회원을 보유한 대형 이커머스로 부상했다. 미라비아는 2022년 12월 스페인에서 오픈한 현지 특화 이커머스 플랫폼이다. 따라서 동남아, 스페인 진출의 출구로서 알리익스프레스를 활용하는 지혜도 필요하다. 그 밖에도 중국 내 C2C 오픈마켓인 타오바오와 B2B 도매 전문 쇼핑몰 1688닷컴 플랫폼과의 접점을 찾아내는 전략이 필요하다.

대리상과 판매상의 중간 단계가 사라지고 플랫폼과 소비자만 존재하는 이커머스 생태계 변화에 대비하고, 사업의 방향성을 재설정해야 한다는 것이다.

쉬인도 국내 패션 브랜드 기업과의 협력을 통해 K패션과 관련 상품을 자기들의 글로벌 네트워크를 통해 판매하려고 한다. 틱톡샵도 마찬가지다.

틱톡샵은 기존 플랫폼과 달리 우리가 역으로 글로벌 시장으로 나갈 수 있는 중요한 통로가 될 수도 있다. 한국 틱톡샵은 알리익스프레스와 같이 중국과 한국의 판매자가 동시에 운영하는 방식으로 사업이 진행될 것이다. C-커머스의 공습은 이제 시작이다. 진화되는 그들의 움직임에 주목해야 한다. 그리고 진화하는 그들의 어깨에 올라타는 사고 전환이 필요하다. 이를 위해 우리 정부는 C-커머스 플랫폼에 대한 채찍과 당근 전략을 적절히 활용해야 한다. C-커머스 플랫폼들과의 긴밀한 소통과 교류를 통해 우리 제품이 세계 시장으로 나갈 수 있도록 하는 유연한 비즈니스 협상 전략이 필요하다.

마지막으로 우리 기업들은 브랜드 인큐베이팅, 품목 다변화, 콘텐츠 중심의 K-커머스 경쟁력 제고와 제품의 희소성을 극대화시키는 전략이 필요하다. AI와 빅데이터, 사물인터넷(IoT) 기반의 메이드 인 차이넷의 공습은 더욱 거세게 국내 시장을 잠식할 것으로, 다가올 C-커머스 파도의 높이와 파장을 직시해야 한다. 따라서 기업 밸류업을 위한 K브랜드 인큐베이팅 작업에 더 많은 노력과 시간이 투입되어야 한다.

또한 C-커머스에 대항해 우리 기업의 경쟁력을 유지하기 위해 K제품의 셀링 포인트를 부각시켜야 한다. 제품의 셀링 포인트를 정확히 잡아내기 위해 무엇보다 제품의 확실하고 선이 굵은 소구점(訴求點)을 발굴해 내는 노력이 수반되어야 한다. 이러한 희소성과 소구점을 강조함으로써 소비자의 관심과 충성도를 높여 나가야 한다. 소비자의 눈과 마음을 사로잡는 '퍼플카우[08](Purple Cow)'를 만들어 낸다면 우리 제품의 경쟁력을 유지할 수 있다. 급변하는 글로벌 소비자 코드에 맞는 브랜드 개성(Brand personality)을 통해 차별적 가치를 창출하기 위해 노력하고, 색다른 체험을 제공해 소비자를 총체적으로 만족시키는 접근 전략만이 미래에 생존할 수 있는 유일한 방법임을 명심해야 한다.

---

08  보는 순간 사람들의 시선을 확 잡아끄는, 그래서 사람들 사이에 화젯거리가 되고 추천될 만한(re-markable) 그런 제품이나 서비스를 가리키는 콘셉트.

# 알레쉬톡의 공습

1판 1쇄 인쇄 2024년 9월 24일
1판 1쇄 발행 2024년 10월 2일

지은이 박승찬

발행인 김기중
주간 신선영
편집 백수연, 민성원
마케팅 김신정, 김보미
경영지원 홍운선

펴낸곳 도서출판 더숲
주소 서울시 마포구 동교로 43-1 (04018)
전화 02-3141-8301
팩스 02-3141-8303
이메일 info@theforestbook.co.kr
페이스북 @forestbookwithu
인스타그램 @theforest_book
출판신고 2009년 3월 30일 제2009-000062호

ISBN 979-11-94273-02-8 (03320)